# 研究生专业学位培养研究

常　瑾◎著

吉林出版集团股份有限公司

**图书在版编目（CIP）数据**

研究生专业学位培养研究 / 常瑾著 . — 长春 ：吉
林出版集团股份有限公司，2022.9

ISBN 978-7-5731-2323-7

Ⅰ．①研… Ⅱ．①常… Ⅲ．①研究生教育－培养模式
－研究－中国 Ⅳ．①G643

中国版本图书馆 CIP 数据核字（2022）第 179384 号

# 研究生专业学位培养研究

| 著　　者 | 常　瑾 |
|---|---|
| 责任编辑 | 王　平 |
| 封面设计 | 林　吉 |
| 开　　本 | 787mm×1092mm　　1/16 |
| 字　　数 | 210 千 |
| 印　　张 | 9.75 |
| 版　　次 | 2022 年 9 月第 1 版 |
| 印　　次 | 2022 年 9 月第 1 次印刷 |
| 出版发行 | 吉林出版集团股份有限公司 |
| 电　　话 | 总编办：010-63109269 |
| | 发行部：010-63109269 |
| 印　　刷 | 廊坊市广阳区九洲印刷厂 |

ISBN 978-7-5731-2323-7　　　　　　　　　定价：68.00 元

# 前　言

　　针对全日制专业学位研究生实践环节存在的制度保障缺失、研究生师资队伍实践经验缺乏以及研究生实践基地运行机制不完善等问题，提出创新专业学位研究生教育管理机制，探索构建多种导师团队指导模式，创新校企联合培养方式及手段，"产、学、研"深度融合，以"产、学、研、用"一体化合作手段调节研究生的专业实践。

　　专业学位研究生的培养定位是培养具有职业背景的高层次应用型人才，这就要求导师具有相当丰富的工程实践经验。但是学校的青年教师几乎全是来自国内外高校的高学历人才，优势是学历完整，从学生到教师，只是从一个校门到另外一个校门。短板是没有进入过企业，缺少工程思维以及工程方法和文化的教学手段。因此，要加强学校师资队伍的"工程化"建设。专职教师要具备工程实践经历，一方面有计划地选送教师到企业工程岗位工作一年，积累工程实践经验。另一方面采取邀请企业导师讲座、企业互访、联合授课、协同创新等多样化的形式，丰富学校教师队伍的工程实践经验。

　　专业学位研究生需要一支高水平的校外导师队伍。虽然他们具有丰富的工程实践经验和较强的工程实践能力，但是在专业理论和课堂教学环节比较薄弱。因此，需要强化校外导师队伍的"教师化"建设。一是和企业联合开展在职导师培训，提高在职工程师的专业理论水平和教育理论水平；二是支持企业提升校外导师学历层次，在有关政策上给予倾斜支持；三是通过科研联合攻关、协同创新等形式，促进校外导师队伍和校内导师队伍的融合。

　　目前全日制专业学位研究生培养模式仍存在不少的困难和问题，以中国矿业大学为例，依托矿山、属于行业高校、又处于非省会城市，如何克服这些不利因素，探索出一条适合自身专业学位研究生特色的培养路径、保证专业学位研究生的培养质量，已然成为一项重大课题。高校管理者和教师一方面要认清形势，摸准自身脉搏，发挥行业优势，探索构建基于"产、学、研、用"的专业学位研究生培养模式，另一方面要以实践能力培养为核心，推广多种模式组合的多元一体化导师团队，充分发挥团队的合作精神，构建专业扎实、责任心强和实践经验丰富的高水平、高层次导师团队，同时以"产、学、研、用"一体化合作和市场手段调节研究生的专业实践，创新各种培养方式。

# 目  录

# 第一章 研究生专业学位教育的理论研究

## 第一节 专业学位研究生教育与学科建设的内涵

我国专业学位研究生教育已经历了 20 多年的发展，近年来，随着我国经济的"增速换挡"和产业调整升级，高层次应用型人才的需求越来越大。这也意味着专业学位研究生教育要迅速进入全面提升质量的新阶段，学科建设历年来是高校建设发展的龙头。2015 年，国务院下发的《统筹推进世界一流大学和一流学科建设总体方案》，更是将学科建设提高到了国家战略的层面。认识专业学位研究生教育和学科建设之间的内在联系，将有效提升专业学位研究生教育质量，促进学科建设内涵发展。

### 一、专业学位研究生教育发展现状

在我国，专业学位教育始于 20 世纪 80 年代末 90 年代初，至今已有 20 多年的历史。到目前为止专业学位授权的种类增加到 40 个了，基本覆盖了国民经济和社会发展的主要领域。2009 年全国专业学位授权点 1400 余个，2015 年达到 7000 余个，6 年当中增长了 4 倍。累计招收专业学位硕士研究生 130 万人以上，招生规模从 2008 年的 7%，提升到 2015 年的 45.9%，与学术学位研究生接近 1∶1 的比例。可以看出，伴随经济发展方式的转变和产业结构的不断调整，我国研究生教育也在发生重大转折，专业学位研究生教育经历了从无到有、由小到大的发展过程。

然而随着社会需求和教育规模的不断扩大，专业学位研究生教育存在的问题也不断暴露出来。2014 年教育部开展了学位授权点专项评估工作，许多专业学位授权点建设存在目标定位不准确、培养方案粗糙、实践教学薄弱、与学术学位研究生培养区分度低、缺乏特色等问题。目前是国家提出建设"双一流"的重要战略时期，高校都很重视学科建设，重视与学科建设密切相关的学术学位研究生教育，而很多学位授权单位对专业学位教育的认识不到位，深受传统思维偏见和学术学位研究生培养方式的影响，认为专业学位教育与学科建设关联性小，从而忽视了专业学位研究生的培养工作。其实，专业学位教育与高校学科建设之间也有着密切的联系，提升专业学位教育质量也是促进学科建设的重要组成部分。

## 二、学位授权点合格评估、专业学位水平评估与第四轮学科评估对比分析

2014年，国务院学位委员会、教育部联合下发了《关于开展学位授权点合格评估工作的通知》和《关于开展2014年学位授权点专项评估工作的通知》，评估范围既包含学术学位授权点，也包含了专业学位授权点，而这两个文件也成了各个学位授权单位开展自我评估的指导纲领。2016年3月，国务院督导委员会办公室下发了《关于开展专业学位水平评估试点工作的通知》，委托教育部学位中心在八个专业类别进行试点，实施专业学位水平评估工作。与此同时，教育部学位中心向全国各学位授予单位发出了《全国第四轮学科评估邀请函》，并在2016年5月发出了《关于补充填写专业学位信息的说明》，将原本不包含在内的专业学位也纳入了学科评估的体系中。通过对比这三个评估体系，虽然有区别，但是也有共同点。

1. 学位授权点合格评估的主要特点

2014年发布的《学位授权点合格评估办法》包含了学术学位和专业学位授权点的评估，其主要特点在于：（1）评估目标是保证学位授权点基本水平和研究生教育基本质量，其评价结果关乎学位授权点的存续，不合格的学位点将被撤销，打破了学位授权点终身制。在已经开展的专项评估中已经有42所高校的50个学位授权点被撤销。（2）评估主导是教育部，而评估主体是各学位授权点。新的学位授权点合格评估中强调"授权单位自我诊断"，合格评估正是希望通过加强学位点自我诊断，提升学位点建设水平，促进学科、学位点动态调整，实现内涵发展。（3）学位授权点合格评估在国家层面上仅强调框架性要素，旨在充分发挥办学单位的主动性、凸显办学特色。如"抽评要素"主要体现学位授权点在目标与标准、基本条件、人才培养三个方面的基本要求，重点突出人才培养保障和质量。在此基础上，授权单位需结合自身特点制定个性化的评估标准。

2. 专业学位水平评估的主要特点

2016年3月，国务院教育督导委员会办公室下发了《关于开展专业学位水平评估试点工作的通知》，委托教育部学位与研究生教育发展中心对法律、教育、临床医学、口腔医学、工商管理、公共管理、会计、艺术（音乐）等8个专业类别进行试点评估，其主要特点在于：（1）专业学位水平评估的基本设计理念以导向为主、质量为重，突出特色；分类设置。以学生质量为核心，通过培养目标、师资队伍、培养过程等6个一级指标，全面综合评价专业学位研究生培养质量。（2）突出案例与实践教学、创新能力、职业发展能力、行业企业参与培养以及用人单位参与评价等。结合各专业学位

类别的特点，兼顾共性与个性，在统一框架下分类设置指标体系。（3）从专业学位水平评估的指标体系中就能够看出，专业学位水平评估要突出专业学位应用型人才培养的特色。同时评估也在引导学位授权单位对专业学位研究生的培养要注重职业需求、实践能力以及与行业企业之间的合作。

3. 第四轮学科评估的主要特点

2016 年开展的全国第四轮学科评估通过不断地改进调整，其指标体系已经得到了广泛认可。其主要特点在于：（1）坚持"质量、成效、特色、分类"导向，把人才培养质量放在首位，建立"培养过程质量""在校生质量"和"毕业生质量"三维度评价模式；试点开展在校生和用人单位调查，跟踪学生在校期间和毕业后职业发展的质量。（2）改变单一的"以学术头衔评价学术水平"的师资队伍评价方法，改用列举"代表性骨干教师"的方法，由专家对师资队伍的水平、结构、国际化程度、可持续发展能力等进行综合评价。（3）进一步强调学科产出与成效，适当淡化条件与资源。坚持"定量与定性、国内与国外、质量与数量"三结合的学术论文评价方法。（4）增设社会服务贡献指标，体现不同地区、类型学科对地区经济社会发展的贡献与特色。

4. 专业学位合格评估、专业学位水平评估与学科评估的异同点

（1）不同点：①评估性质不同。合格评估是政府强制性、有淘汰性的评估，专业学位水平评估和学科评估属于选优性教育水平评估。②评估的对象和范围不同。合格评估面向所有学位授权点，关注研究生教育基本质量和授权点基本水平。专业学位水平评估面向专业学位类别，关注职业能力培养与资格的衔接。学科评估面向授权学科，关注人才培养、科学研究等，评价更加全面。③指标体系不同。对于合格评估，各学位授权单位要结合自身建立指标体系，核心是保证基本建设条件和研究生教育质量。专业学位水平评估以职业、实践、行业为导向，突出学生质量。学科评估以学科特色、学科质量、成效为导向，注重科学研究与创新。（2）共同点：①目的一致。三种评估的目的都是促进学科或学位点的建设、提高质量。②关键指标一致。在评估指标中能清楚地反映出，无论是合格评估、专业学位水平评估还是学科评估，师资队伍、人才培养质量都是评估的重要指标。③都提倡要突出特色，而特色其实就是学科专业特色。

# 三、专业学位研究生教育与学科建设的内涵联系

学科建设是高校发展的龙头，是高校核心竞争力和综合实力的重要体现。通过合格评估、专业学位水平评估以及学科评估的对比分析可以看到，尽管评估主体、评估对象、评估重点、评估方式都存在差异，但师资队伍建设、人才培养质量、社会声誉及贡献等关键指标都有着高度的一致性和深刻的内在联系。

特色学科建设是专业学位教育的定位和依托，专业学位教育能促进学科交叉创新。

专业学位教育要健康发展，就需要学科建设的有力支撑。从全国情况来看，大部分专业学位授权点在很大程度上都是依托于所在高校相关学科获准的，而专业学位授权点的建设也体现着学校学科的特色。例如同样是电子与通信领域的专业学位授权点，南京信息工程大学的特色就是气象信号处理，而国际关系学院的特色是信息安全，海南大学的特色则是依托海洋通信。另外，专业学位教育在培养高层次应用型人才，以及在工程实践教育、校企联合培养的过程中也在不断拓展和促进学科的发展。在培养要求上，专业学位研究生教育想要拓展实践教学渠道，提高实践教学质量，就要深化校企之间的交流合作，这也就加强了学校和政府、企业之间的联系，而企业和社会发展中往往遇到的是宽领域的现实问题，这就有助于形成协同创新机制，反过来又促进了学校学科的交叉融合，产生新的学科增长点。

师资队伍是学科建设的核心，专业学位教育促进师资建设。师资队伍建设既是学科建设的核心，也是专业学位授权点建设的重要保证。一方面学科建设通过引进高水平师资、培养学术学科骨干来不断提升学科队伍的建设水平。学科师资队伍建设为专业学位师资队伍建设提供了支撑和保障。学科队伍中的很多教师都是专业学位研究生导师，成为开展专业学位教育的重要力量。另一方面，专业学位教育中要求校外任课教师、行业企业及境外专家参与研究生培养，同时对校内任课教师的实践经历和能力也有了更多要求。"带着问题学习"应该成为专业学位学生的学习方式，而这也是对授课教师的一种挑战，使得教师也更加注重实践教学，加紧更新知识结构、拓宽知识领域，从而增强了教师"科研＋实践"型的综合能力，丰富了师资队伍的结构，提升了师资队伍整体水平。

学科为人才培养提供了保障，专业学位教育丰富高层次人才培养内涵。人才培养是高等教育的根本任务，无论是学科建设还是学位点的建设，人才培养始终是评估的重要指标。虽然长期以来人们普遍认为学术型研究生培养是学科建设人才培养的主要部分，但目前专业学位研究生已经占到研究生的较大比例，甚至部分学科已经以专业学位学生培养为主。专业学位研究生教育丰富了传统概念上对于高层次人才培养的定义，高层次人才不再仅仅是面向高等院校、科研院所开展科学研究，更多的还要面向企业、面向经济社会发展需求，要有较强的实践能力，能够承担专业技术或管理工作，培养具有良好职业素养的高层次应用型人才。因此专业学位研究生教育也是学科建设人才培养体系的重要组成部分。

综上，高校对专业学位研究生的培养一定要在学科建设视域下把握住关键点。首先，"职业性"是专业学位教育的核心内涵。专业学位研究生的培养必须主动对接行业产业需求，以地方经济建设的需求为导向，增强学校适应地方经济发展的能力；其次，要依托优势学科，彰显学科特色。专业学位研究生的培养也应尽可能围绕优势特色学科，从而体现专业学位人才培养的特色。最后，要推进分类培养模式改革，完善专业学位培养体系。从 2016 年的专业学位水平评估来看，试点的八个专业类别都制定了差异化的评估指标体系，这也表明不同类别的专业学位有其人才培养的特点和差异，要尊重差异、分类培养，才能提升专业学位人才培养整体水平。

## 第二节　专业学位研究生教育之超内涵平行

走"内涵式发展道路"首要的是辨识与分清内涵与外延。一方面，需要辨识外延的与时俱进性，认识不同外延表征的同一内涵；另一方面，不应以外延混淆内涵，不应以乱象取代本质，以假乱真，甚至文过饰非。及至专业学位型研究生教育，本节主要对因误读创新创业型、应用型外延而引起的各种研究生培养失位、缺位与错位问题进行探讨，提出高规格、高质量的高层次学位教育仍然是专业学位研究生教育不变的内涵。高校与研究生院应做好顶层设计，"放管服"到位，努力培养符合"2020 全民奔小康"与"中国制造 2025"当代专业学位教育的时代外延的高层次人才，探索培养既满足高复合外延又能保证高水平内涵的专业学位的研究生。根据新时代特色，从思想教育、课程训练与"导师先导"三个方面平行培养，超内涵平行以培养教育栋梁。

中国共产党第十九次全国代表大会重点提出要走内涵式发展道路。内涵，在哲学上具有两层意思，一为认识论解释：初始的；二为本体论解释：原子的。初始即为初心，"内涵式发展"不忘初心；原子的，即相对稳定，在较长周期内不随时间变化。"内涵式发展"就是要抓住事物的本质属性，强调事物"质"的发展变化。因此，内涵式发展强调的是结构优化、质量提高、实力增强，是一种相对的自然历史发展的过程，发展更多是出自内在需求。内涵式发展道路主要通过内部的深入改革，激发活力、增强实力、提高竞争力，在量变引发质变的过程中，实现实质性的跨越式发展。

与内涵相对的概念是外延，外延是指概念所反映的本质属性的全部对象，是概念的量的规定性。对外延的解读也会影响对内涵的理解，例如"超内涵"，不同外延指代同一内涵，即为超内涵，如"晨星等于昏星"，"晨"和"昏"具有不同的时间外延，但晨星和昏星均为对金星的指代。

及至专业学位研究生教育，创新创业型（双创型）、应用型是"全民奔小康"与"中国制造 2025"赋予当代高层次专业学位教育的时代外延，而高规格、高质量的研究生教育依然是其不变的内涵。基于此，本节对"内涵式发展道路"中，时代外延对高层次专业学位教育产生的影响进行了再辨析，对各种专业学位研究生培养的失位、缺位与错位进行探讨，探索多外延平行发展并服务于不变的研究生培养教育良才内涵的可行性，着眼"放管服"机制建设。实际上，"放管服"本身亦体现了外延的平行性，"放管服"到位，则能充分服务于培养"习近平新时代中国特色社会主义"的硕、博士人才与民族栋梁的教育的"真之内涵"。

# 一、专业学位研究生教育的"超内涵"与"伪内涵"

## （一）"鸡兔同笼"与"超内涵"

专业学位研究生教育是我国研究生教育的一种重要形式，是"双一流"与高水平大学建设中人才培养导向的战略性转折，也是实现研究生教育结构的历史性转型。学术型研究生教育注重于理论学习与学术研究能力，而专业学位教育则更注重培养具有较强实践操作能力、能从事实际工作的双创型、应用型人才。

然而由于历史、环境、学术研究的特殊性，现专硕培养的过程主要由高校单方承担，从而导致所培养的专硕研究生不能满足市场与实际生产的需求。特别是向高水平教学研究型大学发展中的地方工科院校，研究生教育快速地发展，但与产业技术研发结合度不高成为学校发展新的短板。面对新形势，各大高校需以协同共赢为目标整合社会资源，紧密对接各省产业转型升级重大需求，建设多模式开放共享式联合培养基地，实现协同创新与协同育人并重、联合培养与多主体共赢。而首先此案需解决的是"鸡兔同笼"的传统培养方式。

"鸡兔同笼"意指将学术型与专业学位型研究生放在同一环境与体系中进行培养，不加以区分。这主要是延续了早期研究生培养模式，单纯利用高校与实验室作为单一土壤，忽视了专业学位研究生的双创性、应用性且需与市场接轨并做深度交叉，忽视了专业学位教育的时代外延。

为此，国内如清华大学等高校提出了针对专业学位研究生的"项目式"培养，主要宗旨为"导师少介入"和"与企业高端合作"。各地方院校也纷纷做出努力与突破，与企业、研发机构建立研究生联合培养基地，对专业学位研究生形成"基地式"培养，服务于各地各省工业经济发展，"高校—基地—企业"三位一体，联合培养研究生。

无论是"项目式"还是"基地式"培养，培养方式的具体化带来了差异性，使得培养过程具有了不同的外延。然而其内涵却是同一的——培养与加强学生的创新应用性能力，这完全统一在专业学位研究生培养的内涵里，是为超内涵。

## （二）专业学位研究生培养的"伪内涵"

值得提出的是，专业学位研究生的培养是党的十八大、十九大赋予教育部门和高校的新的重要任务，既艰且难。一如清华大学副校长兼教务长杨斌所言，即便是高层次如清华，专业学位硕士的具体培养方式也仍在探索中，并未流畅化。显然，及至地方院校，在合作规模与合作深度上也无法比肩清华大学。在此基础上，类似"导师少介入""与企业高端合作"等举措也因此暂时难以做到。"基地式"等多平台融合与"借鸡生蛋"、深挖潜且高聚合是大部分院校相对理想的专业学位研究生培养方式。

然而在"项目式"与"基地式"专业学位研究生的实际培养过程中，困难与疑惑也仍大量存在，其主要表现为"伪内涵"问题。与"超内涵"逻辑相反的逻辑之一是外延逻辑，外延逻辑一般使用外延的不相等去影响内涵的同一性。

在专业学位研究生的实际培养中，某些企业和基地，为了用人方便，甚至"廉价用工"，以"应用型"这个定语式的外延影响"专业学位研究生"的内涵，强调应用，而忽视高规格的研究生人才培养，从而降低了人才培养的要求。

部分企业与联合基地的相关导师具有较强行业与实践经验，但在研究生培养的科研探索特性方面存在不足，以至于影响了学生的学术锻炼，不仅不利于学生著作、论文及专利等学术成果产出，甚至还会出现部分较为"荒唐"的伪学术题目，使学生深陷其中，难以达到毕业的要求，勿论"双创型"、"应用型"。这种"伪内涵"式的联合培养不但没有注重专业学位研究生的内涵式发展，甚至带来了不可估量的破坏性作用。体现了产业交叉、基地联合培养深度融合的指导性失位、缺位与错位。

## 二、培养盲区与"超内涵"平行举措探讨

### （一）培养盲区分析

某种意义上，"伪内涵"问题的产生，主要由于社会、高校与业界对研究生教育"内涵式发展道路"，尤其是专业学位研究生培养内涵的辨识与认识不足而导致的。

一方面，部分院校对学术学位与专业学位研究生分类培养定位不明确，界限模糊，分类培养落实不到位；另一方面，即便从顶层设计上，各院校及二级学院对学术学位与专业学位研究生的培养已制定分类培养方案，对培养目标、要求、过程等已加以区分，但在专业学位研究生实际培养过程中院校、导师、学生多方仍存在盲区。主要表现为：

院校在招生复试过程中，在学生入学即正式培养前，已将学生划分为学术型与专业型，因此难以因材施教，存在先验盲区。

个别院校与二级学院、导师对开展分类培养思想意识不到位，校外联合培养基地仍在建设与适应中，未能与时俱进地对专业学位研究生的应用型培养加以重视，无法给专业学位研究生培养提供条件，也存在导师不同意专业学位研究生到基地实践培养的狭隘思想，缺乏产学研全面结合的方式方法，存在视野盲区。

部分联合培养基地企业，因产业发展需求，对研究生有跨领域、复合型人才需求。例如，某些制造类企业需要材料类、计算机类研究生，但在研究生培养质量把控上，由于业务滞后，将联合培养研究生当作低价值人口红利，对联合培养缺乏有效引领，甚至倒置，存在先导盲区。

学生在报考时、复试中与培养时对学位定位与认识存在着不足，个人缺乏思想准备，意识薄弱，技术储备不足，存在认知盲区。

## （二）"超内涵"平行举措

内涵的辨识与认识不足，以及培养盲区的消除，一方面需要依靠院校与二级学院，置顶向下，逐级加强招生宣传与政策宣讲，从不同层次明确专业学位研究生分类培养定位，消除盲区，从源头（学院与生源）树立专业学位研究生的培养形象与术业专攻；另一方面，也需要研究生院和二级学院加强过程监督和管理，加强研究生外出实践环节的管理。甚至采取强硬行政措施，如对于在实际培养和指导研究生过程中不按类型分类培养的，应根据相关规定进行处理，如对于不具备专业学位研究生培养能力或条件的导师，将会在招生过程中不再分配专业学位研究生指标等。而更值得商榷的，是采取系列平行举措，例如思想教育、课程训练与"导师先导"。

从表面外延看，专业学位研究生重视"双创型""应用型"，应重动手而轻思政，应重应用而轻理论，为什么还需要加强思想教育与课程训练呢？从清华大学等双一流大学经验看，专业学位研究生培养应做到"导师少介入"，那为什么需要"导师先导"呢？实际上，这些举措并不矛盾，或说它们只是外延不同，却服务于同一内涵——教育真正内涵的专业学位研究生，是超内涵平行的。

具体措施阐述与探讨如下：

在思想教育上，遵照习近平总书记系列讲话，我们要引导专业学位研究生忠于祖国，忠于人民，做到"利于国者爱之，害于国者恶之"；立鸿鹄志，做奋斗者，要把自己的理想同祖国的前途、把自己的人生同民族的命运紧密联系在一起，尤其是产业转型升级的当下；求真学问，练真本领，在学习阶段一定要把基石打深、打牢，不能满足于碎片化的信息、快餐化的知识；知行合一，做实干家，落实行动，做到知行合一、以知促行、以行求知，"道虽迩，不行不至；事虽小，不为不成"。

只有思想工作充分到位了，我们才能让学生真正体会"形势逼人，挑战逼人，使命逼人"，体会到专业学位的重要内涵，而不是急功于学位的获取，近利于就业赚钱。

课程建设实际上是老生常谈的问题。但对待专业学位教育，在课程训练上，高校与二级学院要夯实师资队伍建设，尤其是校外企业导师队伍建设。要充分意识到，校外导师、企业导师是当前专业学位研究生教育转型过程中，双创性课程、实践性课程、课程案例等课程建设的引路人与实施主体。

在"2020全民奔小康"与"中国制造2025"中，企业是创新的主体，是推动创新创造的生力军。专业学位研究生课程训练，要发挥企业的市场优势，才能发挥市场对技术研发方向、路线选择、要素价格、各类创新要素配置的导向作用，才能让学生在创新资源配置中成为举足轻重的要素。

反之，企业导师真正参与到课程建设中，能起到决定性作用。一方面，可完善课程建设经费支持、要素投入与激励保障；另一方面也可以推动企业对高校前沿理论、创新技术的深入了解与成果转化，对教育乃至专业学位教育内涵的深刻认知，做到彻底打通关卡，破解实现技术突破、产品制造、市场模式、产业发展"一条龙"转化的瓶颈。

更重要的是，这能让专业学位研究生从课程训练开始，更为充分地积蓄知识力量、打好专业应用基础，把握大势、抢占先机，直面问题、迎难而上，做好新时代科技创新的排头兵。

"导师先导"，相对于"导师少介入"，存在不同的时间外延与外延现代化。"导师先导"一方面是因为当前条件下"导师少介入"仍暂难实施导致的。另一方面，也是契机，意味着专业学位研究生导师必须先扎根业界。先导也意味着"先入而后导"，而非仅流于形式的与企业泛泛而谈。这种先导，更多的是需要挖掘业界内在需求，激发企业活力，增强企业实力，提高企业竞争力，在量变引发质变的过程中，实现民族实业的实质性跨越式发展。

另外，导师先进去，研究生再跟进来，这也是学生意志的体现。一方面在联合培养中，能更好地保障学生权益、激发学生创造活力；另一方面也是"以学生为本，以教育为本"的具现，本身也是教育工作的内涵。

先导的可行方式有许多，其中导师参与科技特派员工作就是一种非常好的方式。科技特派员是国家和地方现阶段推行并实施的一项重大决策，通过选派有一定科技专业理论、技术与指导方法、管理能力的专家、教授、研究员等中青年知识分子，深入到企业与农业生产的第一线，发挥科学技术在地方经济建设和社会发展中的支撑作用，服务工农。高校作为农业科技创新和成果推广的重要源头，是创新科技成果的策源地，是推动科技进步和创新的重要力量，因此成了科技特派员制度实施的桥头堡。而导师的研究工作，正体现了高校学科门类齐全、人才优势突出、科技成果丰富等先天条件。

"导师先导"以科技特派员工作为切入，实际上也是建立"实里走""往深走"的联合培养基地的真正契机，实施"项目式""基地式"专业学位研究生联合培养的基石。从而做到"加大应用基础研究力度，打通'最后一公里'，拆除阻碍产业化的'篱笆墙'，疏通应用基础研究和产业化连接的快车道，促进创新链和产业链精准对接，加快科研成果从样品到产品再到商品的转化，把科技成果充分应用到现代化事业中去"。

思想教育、课程训练与"导师先导"的实施并没有先后之分，更需要互补，他们是超内涵平行的。思想教育、课程训练与"导师先导"的超内涵平行，具有不同的表象与外延，有"放"、有"管"、还有"服"。

立足业界，"放"科研自由，立足培养，内引外联，"管"机制建设。从而使专业学位研究生教育走上"内涵式发展道路"，"服"务学生、"服"务社会、"服"务国家以至黎民百姓。从而做到制度化、规范化、程序化，做到"系统完备、科学规范、运行有效"。

高规格、高质量的高层次学位教育依然是专业学位研究生教育不变的内涵；高规格、高质量的专业学位研究生是高校与业界之间思想引领、技术创新、社会进步的重要桥梁，更是机遇。而这则要求研究生教育工作者牢记学位教育内涵，读懂、理解专业学位的时代外延，与时俱进，但不忘初心。

"关键核心技术是要不来、买不来、讨不来的"，创新是第一动力，提供高质量科技供给，才能着力支撑现代化经济体系的建设。提供高水平的新鲜血液，才能有源源不断的生力军投入到"2020全民奔小康"与"中国制造2025"。

高校与研究生院应避免各种失位、缺位与错位，做好顶层设计，超内涵平行，"放管服"到位，努力培养高复合外延，而又能保证高水平内涵的硕、博士人才。

# 第三节　专业学位研究生教育的质量保障及制度

研究生教育是国家创新体系的主要支柱。近些年来，为适应研究生教育新常态，国务院学位委员会和教育部携手推进研究生培养机制改革，出台多项研究生教育新政策，调整研究生教育结构，更好地服务于社会的需求。层次类型上，研究生教育结构调整的方向是：稳定发展学术学位研究生教育，积极拓展硕士层次的专业学位研究生教育。2020年7月29日召开的全国研究生教育会议提出"以提升研究生教育质量为核心，深化改革创新，推动研究生教育的内涵发展"。2020年9月，教育部发布的《关于加快新时代研究生教育改革发展的意见》提出"优化培养类型结构，大力发展专业学位研究生教育"。

## 一、研究生教育质量保障的理论基础和政策依据

质量保障视域中的研究生培养机制建设是一个现代性很强的课题，既有充足的理论基础，又有坚实的政策依据。

### （一）理论基础

研究生教育的质量保障，对于教育发展和科技进步具有重要的意义。从制度法学的理论视角来看，研究生教育制度具有规范性和稳定性等制度属性。研究生教育的质量保障体系包括五大主题：研究生教育质量保障体系的价值理念；研究生教育质量保障体系的内容与特征；研究生教育质量保障体系的模式选择；研究生教育质量保障体系的责任划分；研究生教育质量的评估与认证。

现时期我国的研究生教育正处在从规模化发展向高质量提升的历史性转折时期，研究生教育的价值日益凸显，主要表现为研究生教育是国家发展战略的重要支撑、国际竞争力的支柱、国家创新力的基石、教育现代化的先导、一流大学建设的标志、高校师资队伍的源泉、创新人才培养的根基等方面。治理理论契合了研究生教育治理的诉求。课题组运用文献分析法对1999—2020年间的相关研究进行了分析，发现研究生教育研究的文献呈现稳定增长的态势，国内研究生教育的研究热点主要集中在研究生人才培养、教育质量保障和专业学位教育等方面，专业学位研究生培养及其质量保障成为研究热点和发展趋势。

### （二）政策依据

研究生教育制度与国家的宏观政策有着内在的一致性，是国家对高层次人才培养实施有效管理的工具，服务于科教兴国的战略目标。对我国研究生教育的改革与发展进行回溯性和发展性分析，可从法律制度和政策文本透视教育变迁的轨迹，为研究生教育的规划和设计提供政策依据。

1978年，自研究生教育恢复招生以来，我国研究生教育在发展规模、高水平大学建设、支撑国家创新发展、国际影响力等方面取得了很大成功；但也呈现出一些问题，尤其是研究生教育质量问题。与国际先进水平相比，我国研究生教育的质量观念不强、体制机制不顺。

发展高质量的研究生教育，对于我国教育改革与发展具有战略意义。2013年，我国启动研究生教育综合改革。根据《关于深化研究生教育改革的意见》，2013年11月4日，教育部、人社部联合发布了《关于深入推进专业学位研究生培养模式改革的意见》，该文件就深入推进专业学位研究生培养模式改革提出意见：明确改革目标，改革招生制度，完善培养方案，强化学位论文应用导向，完善质量保障体系。我国研究生教育中，2016年专业硕士所占比例为51.5%，2017年专业硕士所占比例56.9%，专业学位研究生教育规模明显扩大。2020年9月22日，《关于加快新时代研究生教育改革发展的意见》提出以服务需求作为导向，合理扩大人才培养规模；坚持供给与需求相匹配、数量与质量相统一；优化培养类型结构，大力发展专业学位研究生教育。积极发展专业学位研究生教育，是研究生教育服务经济建设和社会发展的必然选择，也是建设创新型国家的必然要求。2020年9月30日，《专业学位研究生教育发展方案（2020—2025）》印发，2020年12月1日，国务院学位委员会印发了修订后的《博士、硕士学位授权学科和专业学位授权类别动态调整办法》，这些为研究生教育的发展提供强有力的制度保障。

站在新的历史起点上，推进研究生教育体制机制改革，须围绕"立德树人"的根本任务，不断优化研究生教育结构，聚焦学位点内涵建设，进一步扩大开放合作，多方发力，共同促进研究生教育高质量发展。

## 二、专业学位研究生教育的现实困境与归因分析

近年来，随着教育规模的持续增长，我国专业学位研究生教育的质量保障问题凸显，制约了研究生教育的可持续发展，需要对此进行归因分析。

### （一）专业学位研究生教育的现实困境

2000 年之后，我国研究生教育出现前所未有的大发展，规模持续扩大，质量问题引起了国内学者的担心，也引起了相关部门的重视。随着高校研究生的扩招，全日制专业学位硕士研究生规模扩张的速度更快，专业硕士研究生队伍逐渐靠近"主力军"的位置。专业学位是政府为满足经济社会产业部门专业需求、培育特定行业高层次专门人才而设置的学位类型。我国专业学位教育体系以硕士研究生层次为主，在专业设置、招生规模和培养模式等方面现已经取得了一些成绩，但仍存在不同类别间的发展不平衡、同一类别不同地区间发展的不平衡、专业学位自身发展不充分的问题。

我国专业学位研究生教育质量保障在理念、制度、结构、实施等方面存在偏差。教育质量保障机制尚不完善，存在着内部保障作用不强、外部保障机制不全和内外沟通不顺等弊端。研究生教育质量内部保障机制中存在着资格类质量保障制度和流程类质量保障制度不够健全的弊端。研究生教育质量保障出现"一元主导、主体缺失、标准偏差、机制欠缺"等问题，不能很好地适应知识生产转型新要求，这些制约着研究生人才培养质量的提高。学位授权点数量过多和招生规模增长过快、培养目标和发展定位的偏离、导师对研究生指导不够、教育管理模式陈旧以及奖惩制度执行不力等是现阶段我国高校专业学位研究生教育管理的问题所在。另外，根据我们的实地调查发现：我国高校学位点内涵建设存在学科发展特色不突显、课程教学地位不牢靠、师资队伍结构不合理、资源配置不平衡等问题。近年来，国外教育认证体系进入中国市场，这在一定程度上有助于我国研究生教育质量保障，但也使得我国研究生教育的发展面临着巨大的挑战。

### （二）专业学位研究生教育问题的归因分析

专业学位研究生培养质量问题产生的原因很多，可从理论和制度两方面进行探究。治理理论为研究生教育的治理提供了新的视角。近二十年来，我国研究生教育规模持续增长，学位与研究生教育结构变化呈现两个主要特点：一是"存量决定增量"的发展模式；二是硕士生教育和博士生教育的学科结构具有高度雷同性，且趋同性还在加强。对其进行归因分析发现：研究生教育结构变化的主要因素来自研究生教育内部，同时也受到外部的社会、市场和经济因素的影响。高校对增加学位授权点的热情、研究生生源质量总体的下降、研究生教育管理的组织结构不健全和教育制度执行不力、研究生教育管理的质量监控与反馈体系不健全等，都是专业学位研究生教育质量问题的原因。

基于以上种种影响因素，研究生教育结构需要进行科学合理的制度设计来规避各种弊端。今后我国研究生教育的发展须更加重视教育结构的调整，根据社会发展需求，重点发展应用性强、经济发展需求较大的学科；同时，要体现出研究生人才培养的规律，体现出硕士生和博士生培养的不同目标和要求。学位与研究生教育结构的调整，须遵循高等教育发展的内外部关系规律，在满足高校师资需求的同时，增加教育硕士的培养数量，扩大研究生层次的中小学师资的供给。教育硕士培养方面，部属师范大学的师资队伍和硬件设施比较好，但这些高校研究生培养的数量和教育教学设施都趋于饱和，地方师范院校是培养教育硕士的一支新军，但其经费保障、师资队伍、考评体系、实践基地等方面有待进行平台建构和制度的优化。

## 三、专业学位研究生教育质量保障的目标与路径

专业学位研究生教育的质量保障，需要方向更为明确的引导，需要更为科学严谨的体系构建，需要预设专业学位研究生教育改革的目标和路径。

### （一）研究生教育质量保障的目标

提升教育治理能力、促进教育治理体系的现代化，是研究生教育高质量发展的需要。教育综合改革的目标之一是通过政策引导和制度优化等举措来提高专业学位研究生教育质量。面对知识生产转型的新趋势，我国专业学位研究生教育应进行改革创新、谋求多元共治格局，进一步转变政府职能，调整教育结构、强化市场参与，加强大学内部质量治理，形成质量保障合力。专业学位研究生教育质量保障，包括相互关联的五大模块，规范化、制度化和人性化是研究生教育质量保障体系建设的目标要求。

研究生教育质量保障变革的方向是：基于知识生产转型的专业学位研究生教育质量保障。知识生产转型是指从以学科为基础的知识生产旧模式转向以实践应用为基础的知识生产新模式。知识生产目的为解决问题、应用情景导向，知识生产机理转变为异质化、跨学科、情景化，知识生产体制转变为知识生产多重螺旋。这些转变在知识层面内在地契合专业学位研究生教育，深刻地影响着质量保障逻辑，促使研究生教育质量理念焕新、机理调适和体制调整，同时也改变着研究生教育的外在形态。

教育质量保障体系，具有较强的政策导向和制度属性。研究生教育的内部质量保障体系中，研究生、导师和高校三个主体的权责必须相匹配。专业学位研究生教育质量保障的制度建设，须以导师负责制和资助制为核心，建立一个上下通达、左右兼顾的制度体系；同时，考虑研究生教育的法治环境与政策导向，考量高校的文化传统与教育观念，结合高校的教育基础与培养能力，兼顾学校制度与个体的需求，科学而合理地设置研究生教育的价值目标和政策目标，正确地处理各主体的权力责任关系，建立一种综合平衡的教育秩序。

### （二）研究生教育高质量发展的路径

研究生教育质量保障体系的构建，须从研究生选拔机制、双导师制、审核机制、反馈机制、监督机制等方面探索路径。

质量是专业学位研究生教育生存发展的关键，必须通过制度创新、转变研究生培养模式来进行实现。基于全新的专业学位分类理论，清华大学教育研究院对不同类型专业学位的培养目标与路径的特点进行了分析，袁本涛等学者（2015年）指出，不同类型专业学位研究生培养方案中人才培养路径与实现培养目标需求之间都存在差距，对比现状与理想状态之间的差距，方能为专业学位研究生人才培养改革提出具有可行性的建议。

研究生教育质量保障体系的构建，需要围绕服务需求、提高质量这一主线，加强质量保障体系的设计。设计思路是：以高校为本，发挥高校的主渠道作用；加强政府宏观调控职能；重视社会的参与；明确教指委的定位；专业学位研究生教育质量保障体系模型主要包括功能模型、组织模型和综合模型三大部分，其中在综合模型中，宏观和微观两个层面的质量保障组织分别承担相应的任务，共同履行质量保障使命。专业学位研究生教育质量保障体系的构建，可适当借鉴美国的经验：各高校发挥主体作用，同时有效发挥学术共同体、市场和政府力量的调节作用。

现时期我国正在大力开展"双一流"建设，"双一流"建设离不开一流水平研究生教育的支撑。研究表明："双一流"建设高校通过把好"入口关"，不断提升生源质量；抓住核心环节，升级优化课程体系；立足国际视野，开展对外交流合作；加强制度建设，建立健全保障机制；严控"出口关"，确保学位论文质量等举措，推动研究生教育高质量发展，成效显著。建议高校进一步凝练人才培养特色、完善教育分流淘汰机制、加强研究生导师队伍的建设。

## 四、专业学位研究生教育质量保障的制度优化

研究生教育的制度设计需要遵循质量逻辑，采取种种举措进行教育制度优化，以提升专业学位研究生培养质量。

### （一）制度优化的策略

研究生教育的质量保障，需要进行科学的制度设计，构建畅达高效的运行机制。基于中国独特的社会环境和教育生态，研究生教育质量保障及制度优化的策略可从以下几个方面展开。

第一，多元合作，共同治理，优化研究生教育质量保障体系。专业学位研究生教育，具有高度职业性、参与主体多元化、跨界融合的特点。优化专业学位研究生教育质量保障体系，可考虑推行治理主体多元化、治理权责一致化、治理重心基层化、治理机

制常态化的政策，并加强质量文化建设。

质量保障体系建设的重要目标是在多元主体职责划分基础上进行理性的制度设计、形成多元主体间良性互动的制度体系，形成质量保障的资源汇聚与整合。在教育质量保障的宏观视野下，专业学位研究生教育相关主体各司其职、各负其责，并在研究生培养过程中开展学术对话、行政对话、学习对话、实践对话，突破现有教育管理结构模式与框架，从制度、体系、过程管理等方面实现创新。在切实发挥研究生教育治理过程中的省级统筹功能、充分尊重培养单位的学科调整自主权等方面都可以进行有针对性的制度优化。

第二，研究生教育外部质量保障的策略。提高人才培养的质量是当前我国研究生教育最主要的任务。完善质量评价机制，破除"五唯"评价方式。基于现状，专业学位研究生教育外部质量保障的制度设计须以系统性、整体性和协同性为原则，转变政府职能、开展分类评估、加快评估市场法制建设以及推进专业学位研究生教育外部质量保障体系建设。

加强外部质量监督，严格规范管理。质量保障体系建设的优化路径有：设置相应的规约机制、加强培养过程质量监控和管理以及导师队伍建设、实行定期学术交流制度。从主体构架、权利界定到主体间相互关系及互动机制进行体系构建，完善研究生培养机制。

第三，学位授予单位内部质量保障的优化策略。学位授予单位质量保障体系建设十分重要，需要完善制度规范。根据管理科学的循环理论，教育质量内部保障须按照计划、执行、评价和处理四大环节来实施。当今时期，高等教育的许可性评估、质量认证和排名性评估三种方式形成了独特的模式，彼此之间存在着有机联系，这一点逐渐取得共识。今后一段时期，学科发展与质量提升将成为研究生教育面临的艰巨任务，学位授予单位应根据本单位特长，优化资源配置、保持最优学科布局架构、改进人才培养方案，这些将成为学位点建设的重要任务，也是教育适应社会需求的重要途径。

提升专业学位研究生教育课程质量，是学位授予单位内部质量保障的重要环节。专业学位研究生课程教学质量提升的策略，须结合高校研究生教学管理的经验，加强课程主体激励，完善高校教师评价激励机制，不断激发研究生课程学习的积极性。

### （二）专业学位研究生教育制度优化的方式和途径

第一，构建需求与条件相结合的约束机制，找准研究生培养制度优化的方向。研究生培养制度是教育质量保障体系的主要环节。我国专业学位研究生培养机制建设的方向是培养模式的创新、主动服务社会需求。研究生教育改革的重要步骤是形成"需求和条件相结合"的约束机制，在考虑满足人才培养社会需求的同时，重点考虑办学质量。研究生培养制度优化的路径，展开为以下几个方面：一是以服务需求为导向，完善学位点动态调整机制；二是建立准入退出机制，增强学科专业目录的灵活性；三是为交叉学科"上户口"，破除交叉学科设置的制度障碍；四是实行分类管理，不同高校的培养任务各有侧重；五是给予学生选择权，高校探索双硕士学位的制度创新。在推进研究生教育改革过程中，教育管理部门应坚持放权、服务的思想，高校发挥不同学科的协调作用，通过多举措逐步来实现学科结构优化。

第二，构建研究生培养的规约机制，完善研究生导师责权机制。研究生培养制度的优化，意味着高校要设置相应的规约机制，来规避治理主体的消极行为，实现整体利益最大化。研究生培养机制与导师负责制关系密切。专业学位研究生培养制度的两个"重点"是优化培养方案、加强师资队伍建设，其中研究生导师责权机制建设尤其重要。

在质量保障的宏观背景下进一步完善研究生导师责权机制，是研究生培养机制改革的关键。2020 年 11 月 4 日，教育部发布关于印发《研究生导师指导行为准则》的通知（教研〔2020〕12 号），要求各高校结合实际认真贯彻执行，构建和谐的师生关系。研究生导师责权机制的建构，需要在一定程度上突破实在法的规范，将法学理论和法律思想作为分析工具，对研究生教育法律和制度存在的现实问题进行理性思考，主要包括：导师在研究生质量保障体系中的地位和职责；借鉴契约理论和自组织理论，构建研究生导师责权体系的结构模型；以调查数据进行模型检验和修正，探求研究生导师责权划分对研究生质量保障的贡献度。

研究生导师责权划分的制度设计，意在学术自由与教育秩序之间找到一个平衡点。基于研究生与导师是成人与成人之间的关系，我们将契约理论引入研究生教育管理，更深入地探究导师负责制的权责关系，揭示学位与研究生教育的制度性特征，同时适度增加研究生教育活动的人性化设计。在实践中，针对我国高校专业学位研究生教育中存在的问题，从选拔制度、激励制度与评价制度三方面出发，完善以质量保障为主导、以导师负责制和资助制为核心的研究生导师责权机制，成为构建我国研究生教育质量保障机制的一种必然选择。

专业学位研究生教育"双导师制"的系统设计及构建是制度实施的前提和基础。"双导师制"的制度设计对专业学位研究生教育的制度环境优化、指导模式革新和人才培养质量提升等具有重要价值。"双导师制"的制度设计须围绕规制性、规范性和文化—认知三大制度要素开展，以获得"合法性"依据。"双导师制"的构建，应依据制度环境特征和研究生教育主体不同需求，通过自上而下的强制性变迁和自下而上的诱致性变迁，平衡政府与高校、企业行业部门之间的关系，制定"双导师制"实施的规范和机制，形成多元主体认同的文化认知体系。

### （三）优化研究生教育评估制度，健全质量保证体系

第一，重视学位点合格评估，引导研究生学位点的内涵建设。学位点合格评估是一种许可性评估，具有国家强制性和导向作用。教育部对现有学位点进行质量鉴定，有利于促进学位点内涵建设。根据《学位授权点合格评估办法》的要求，国务院学位委员会和教育部在 2014—2019 年在全国范围内开展了学位授权点合格评估工作。评估工作分为学位授予单位自我评估和教育行政部门随机抽评两个阶段，其中 2014—2018 年为自我评估阶段，2019 年为随机抽评阶段。随机抽评以自我评估为基础，根据《学位授权点抽评要素》，从学位授权点基本条件和人才培养两方面进行评价，以人才培养为重点。2020 年 4 月，学位授权点的抽评结果出来，分为"合格""限期整改""不合格"三类。

新一轮的合格评估对学位点内涵发展提出了更为明确的质量要求。提升学位点内涵发展质量的主要举措有：依据发展规划进行学位点调整，建设高水平师资团队，深化课程建设与教学改革，以研究生成长为中心营造学术共同体，建立常态化的学位点内外部质量保障机制。

第二，构建常态化自我评估制度，探索全日制专业学位授权点自我评估。重视高校自我评估，是人才培养质量保障的前提。欧美发达国家的研究生教育都很重视高校自我评估并加以制度化，为了实现研究生教育的高质量发展，我国需要建立常态化的自我评估制度，实现研究生教育质量保证的新常态。

自我评估是教育评估其中的一种类型，是高校对本单位学位授权点的全面检查，主要为诊断式评估。专业学位授权点自我评估制度的优化，须从推进主体多元化、建设协同评价机制、加强组织领导、坚持绩效管理等多个方面探讨学位授权点自我评估框架，用于指导具体评估工作，促进高校专业学位教育内涵式发展，持续提高专业学位人才培养质量。专业学位授权点自我评估应在"科学专业、独立公正、市场定位"的原则基础上，从管理政策、校内培养、实践环节以及毕业反馈四个方面搭建框架，完善评估与质量保障体系，提高全日制专业学位研究生的教育水平。

第三，完善研究生教育监测评估，构建中国特色专业学位质量认证框架。监测评估是高等教育质量保障的一种新类型，这种评估方式具有现代化的特征，它需要评估人员利用现代信息技术广泛收集和分析高等教育有关信息，通过图表等形式直观地呈现教育发展状态，为教育管理部门的科学决策提供依据。我国高等教育监测评估的全面实施，必须深刻理解教育监测评估其中的内涵，准确把握其四大特征：常态监测教育教学过程；用数据呈现教育质量；及时反馈与持续改进教育教学质量；多元主体对质量状况进行价值判断，并从制度建设、遵循原则、制定指标和保障机制等方面明确实施路径。专业学位研究生教育，是我国高等教育的一个层次和类型，需要对专业学位研究生教育进行过程性的监测评估。

我国专业学位研究生教育健康有序的发展，需要构建中国特色的专业学位质量认证框架。通过质量认证框架，推动高校提炼专业学位办学特色，提升研究生人才培养质量，同时也能推动专业学位教育与职业资格相衔接。研究生教育治理蕴含着科教融合的要求，科教融合体现在理念层、制度层、操作层三个层面。在研究生教育中，师生、社会组织、学校、政府等利益相关者组成一个共同治理体系，建议国家鼓励研究生教育治理的科教融合有效生态构建和去中心化发展，提倡研究生教育治理的开放协同和持续改进。

我国专业学位教育认证起步比较晚，现仍处于探索阶段。专业学位教育确立认证框架的基本要素和认证目标有：一是建立优良的法律法规，寻求政策支持；二是实行委托机构认可或政府认可的代理方式，鼓励独立的第三方机构加入专业学位教育认证体系；三是教育认证既要强调办学的共识"标准"，又须注重办学单位的"目标"定位；四是完善专业学位教育的认证程序，建设专业学位教育完整的认证程序，主要包含"信息咨询、提交申请、实地考察、单位自评、现场认证、结果确认、持续改进"等主要程序。与专业认证相结合，专业学位研究生培养制度的改进，需要构建操作性强的专业学位研究生培养机制，实现体系优化与完善，促进研究生教学的改善，从而提高研究生教育的整体质量。

# 第四节　专业学位研究生教育的应用学术性

1990 年，美国著名学者博耶发表的学术研究报告指出：学术生态的四个构成要素是发现、整合、应用与教学，其中"应用学术"在世界范围内引发了高等教育界的关注。应该说，专业学位研究生教育是为"应用学术"而生的，沿着应用学术的轨迹振兴我国专业学位研究生教育，无疑才是破解当前专业学位研究生教育困局的最佳出路。

## 一、学术活动的两种基本类型：学院学术与应用学术

学术活动可以分为两种：一种是学院学术，特指依托高校、研究院所开展的基础理论研究；一种是应用学术，特指在生产部门、事业单位等机构中开展的应用性实践研究。两种学术研究活动的生存根基不同，承担的角色与职能差异悬殊，其生长方式与发展轨迹也有差异。

### （一）学术活动的共同属性与类型分析

学术活动泛指一切围绕生产生活现象、社会问题而展开的学理道理探究活动，其根本属性是原创性、探究性与学问性，其中原创性是学术活动的品质性要求，探究性是学术活动的方式性要求，而学问性是学术活动的结果性要求。从学术活动的结果来

看，一种是为了获得系统性认识，更好地回答"是什么"的问题，另一种是为了寻求最佳行动方案，更好地回答"怎么样"的问题。前一类活动是学院学术活动，后一类活动则是应用学术活动。相对而言，两类学术活动各具特色：学院学术以探求新知识、发现新学问为首要目的，以建构理论与验证假设为根本方式，以实验研究、量化研究、思辨研究为主要方法，力求为人类更好地理解未知现象提供全新视角或创造性思考；应用研究以解决现实问题为首要目的，以实践反思与行动探索为根本方式，以行动研究、案例研究、叙事研究为主要方法，力求找到最优化的行动策略与操作技术。在现实中，两种研究相互补充、共同配合才能肩负起用学术改变人类生活与实践的社会使命。否则，二者厚此薄彼、各执一端，甚至相互抵牾，只会造成学术研究与人类实践间的"断链"局面的出现。

### （二）学术活动系统的谱系分析

学术活动在一个持续更新的链条或谱系之中，学院学术与应用学术位于其两端，共同维系着学术系统、学术生态的运行。

整个学术系统参与社会生产生活的线路是：以课题研究为支点的学院学术活动通过创构理论、验证理论为社会提供创新性研究成果。应用学术研究则以人类认可的创新成果为起点，针对现实问题持续开展应用性学术研究，在解决社会生产生活问题中推动社会生产力的发展。在整个过程中，学院学术属于前端性研究，而应用学术属于末端性研究，其与社会生产生活间具有亲缘关系，是将学院学术成果转化为现实社会生产力的必经一环。

在学术活动体系中，学院研究与应用研究互为相辅相成过程：学院研究担负的任务是从混沌实践中选择科学问题，开展理论研究，产出系统性学问——学科知识；应用研究的任务是以既有学科知识为支撑，针对混沌实践或"模糊地带"中涌现出来的社会生产生活难题开展实践研究，找到破解这些难题的有效方案、行动思路与操作技术。

在学术运行的系统中，学院学术与应用学术是密切联系、连为一体、互促共生的关系：如果仅重视学院学术而忽视应用学术，就会导致大量学术成果被束之高阁，学院学术研究也难以从成果转化中获得反哺与营养；如果仅重视应用学术而忽视学院学术，就会降低应用学术研究的品质，从而导致平面化、经验化、低端化的应用学术研究形态，不利于突破性解决社会难题。在学术活动系统中，善于平衡二者关系，使之形成相互配合的关系，是整个学术系统良性、健康、高效运转的内在需要。

## 二、应用学术的内涵与构成

作为一种特殊学术形态，应用学术自然具有其独特的意义蕴含与要素构成，遵循其内涵与构成来搭建专业学位研究生教育无疑具有科学性。

### （一）应用学术的三重解读与概念厘定

在不同视野当中，学者对应用学术的理解并不相同，这些理解之间是相互补充的关系，将之有机整合在应用学术现象的立方体中，是深化人们对应用学术认识的科学思路。

1. 知识生产模式 II 的视角

1994 年，英国学者迈克·吉本斯等人在《新的知识生产：当代社会科学和研究的动力》一书中提出了两种知识生产模式理论，科学描述了当代知识生产的机制。这两种知识生产模式分别是"模式 I"和"模式 II"，两种模式有机配合、相互连接，构成了完整的知识与社会互动链条。相比较而言，"模式 I"代表的是传统知识生产模式，是在传统学术环境——大学学院中进行的，其显著特点是学科化、同质化、理想化、课题化，与社会生产实践之间保持着适当"间距"，同行评价是知识标准的守护者。"模式 II"代表的是在知识应用环境——企事业部门中进行的知识生产活动，其显著特点是跨学科化、异质化、务实化、问题化，实践反思、学科联动、问题导向是其基本知识生产方式，多样化评价，如社会效益评价、公众认可度评价等都是知识标准的决定者。在后一语境中生产的知识可以直接转化为社会效益，是社会生产力的代表者。无疑，应用学术与知识生产模式 II 直接对应，用该模式来规划应用学术发展，指导专业学位研究生教育改革具有一定的合理性。

2. 美国学者博耶的视角

1990 年，美国学者博耶在《学术反思：教授工作的重点领域》报告中提出，一切学术活动的本质是探究，是对知识的追求，沿着专业的方式向这一目标逼近就是学术实践。在此意义上，围绕追求知识开展的一切相关活动，如探索发现活动、教学研究活动、整合分析活动、实践应用活动等都是学术活动，其中应用的学术（Scholarship of application）是最为重要的一类学术活动。相对于其他学术活动而言，其存在意义在于将学院研究中获得的理论返还到现实生活中去，克服理论与实践间的脱节现象，走完学院学术研究活动的"最后一公里"——实践应用。应用学术的价值是孵化理论研究成果，突破"为学术而学术"的误区，"由为国家和世界提供服务来证明其价值"。无疑，这是最为重要的一种学术形态，某种程度上决定着学术活动的生命力。当然，理论学术成果的应用绝非线性的搬运过程，而是需要实践学问的支持，应用学术中追求的特殊知识形态自然是实践学问或实践道理。

3. 梁启超的视角

著名学者梁启超对"学术"活动的理解同样有助于我们深入理解应用学术的内涵。他对"学术"二字的解读是："学也者，取所发明之真理""术也者，取其所发明之真理而致诸用也"。在他看来，"学"与"术"是学术活动的两大重要环节——真理发现与真理应用，前者增强了学术成果的科学解释力，后者增强了学术成果的社会变革力，二者相互勾连、唇齿相依，构成了知识发现与应用的完整链条。他进一步指出："学"与"术"之间是体用关系，正所谓"学者术之体，术者学之用"，故学术活动的基点是新知识生产活动，是真理的发现，而其生命力却在社会实践之"用"中。梁启超相信：应用是学术活动的关键环节，因为"学不足以应用于术，无益之学也"，它是学术活动社会价值的体现者。在梁启超的学术理解中，我们可以清楚地看到：应用学术是学术生命线的重要构成，它与学院学术之间是平起平坐、共生共长的关系，缺失应用学术的学术实践是跛脚前行。应用学术在学术生命体中承担的主要角色是孵化理论研究成果，催生实用技术产品，彰显学术研究的社会效益与多元价值。

结合上述理解，我们认为：应用学术是学术生态、学术系统、学术生命体的重要构成部分，它以解决问题为导向，以探究实践学问为凭借，以整合应用学科知识为工具，以实现理论学术成果价值为目的而展开的一种特殊学术实践形态。

## （二）应用学术活动的要素构成分析

由上可见，应用学术活动的前端是公认的优秀理论成果，其末端是社会生产实践问题、生活难题，其中端是应用学术的关键环节——探究实践学问。据此可以认为，应用学术活动的三个基本构成要素是：公认理论、实践学问与社会难题。

应用学术是以公认的学术研究理论成果为起点，结合社会情境、社会难题特点来探究实践学问，研发应对社会难题的工具、技术、方案并借此解决社会难题的一个过程，整个过程的终极意义在于优化社会实践的流程，提升人类社会实践的品质。

1. 起点：公认理论

应用学术的栖身之所是实践领域，而非学院或理论领域，所有实践都是目的行为、理论实践，即"使用理论工具，将原料加工生产为理论的产品"。在这一意义上，没有清晰科学理论支撑的社会行动都不能够称为实践，也只有从公认先进理论成果出发的实践才可称为高品质的实践或有较高技术含量的实践。所以，应用学术的起点是公认的先进理论，是学院学术的精品理论成果。有学者指出：所谓实践活动，就是"人们依据他们所承认的规则来调节行动者与行动者之间的关系，或者在更高的反思的层面上，对这种规则本身进行调整和修正"。其中，"规则"的前身其实就是一套公认的理论发明，一种学术圈共同认可的思想观念，将这些思想、观念、理论等成果行动化、具形化，正是社会实践的本性所在。学院学术关注的是理论创生，而应用学术关注的是实践改进，高品质实践的根本特征是行动者在实践中所动用的理论库存，理论的用量与质量决定着实践的品质。低品质实践其实是"技术"活动的代名词，是"缺乏智力投资和创造性"的机械观念推演活动，根本算不上是实践，高品质实践始终是站在高端理论成果的起点上展开的。与之同理，应用学术的起点必然是学界公认的先进理论，是高端理论技术化应用的开始。

### 2. 桥梁：实践学问

由先进理论至问题解决的桥梁是实践学问，这是应用学术赖以存在的根基与关键。高品质教育实践有两个关键构成：一是实践者的卓越表现，舍恩称之为"技艺"，即"实践者在独特、不确定且矛盾的实践情景中所表现出的各种能力"，特点是涌现性、不可复制性、情景依存性。二是实践学问，是行动者从实践中悟出的道理、琢磨出来的学问、提纯出来的实践理论，其中特点是可言说性、可迁移性、可共享性。就其关系而言，实践学问具有内在性，是实践技艺的内核。换个角度看，实践学问之所以存在，是因为理论与实践之间绝非一一对应的关系，而是多对一或一对多的复杂对应关系，实践的目的是需要解决好理论与实践间的匹配、合作与融合问题，由此需要一门学术研究形态来与之相适应，这就是应用学术。有学者指出："实践中创新并非总是能够轻易实现的，行动结果的不可预测性、行动过程的不可逆性都为教育实践者的创新行动埋下了潜在的风险，同时也使教育实践者的实践行动变得困难重重。"从这一角度看，实践中的创新是一门大学问，其考虑因素、复杂程度、关涉主体远比理论创新要多。如果说学院学术存在的根基是理论成果的话，那么，应用学术的存在根基是实践学问。实践学问，就是实践活动中隐藏的门道、学问与规律，是行动研究者在反思、琢磨、领悟中形成的实践性知识。学问是在学术探究中形成的，实践学问是在寻求最佳行动方案中形成的，实践反思、行动揣摩是实践学问的生成路径。莫兰的行动环境论也指出："任何行动一旦发起，就进入了一个在它被实施的环境内部的许多相互作用和反馈作用的游戏之中，这个游戏可能使它脱离它的目标，甚至导致一个与预定的结果相反的结果。"因此，实践就隐藏在理论、行动与环境间的三体互动中，阐明三者间的交互作用机理是实践学问存在的理由与使命。

### 3. 终点：难题解决

应用学术的焦点不是观点创新、理论发明、真理发现，而是现实问题、社会难题的解决，难题解决是应用学术的落脚点与聚力点。应该说，从实践难题出发，借助理论积累，拿出最佳难题破解方案，正是应用学术的内在逻辑。所以，应用学术的出发点与落脚点都在问题难题解决上，其内在逻辑的实质是"问题逻辑"。"问题"中包括"难题"，但不同于"课题"：问题是导致人的认知失调的原因，它既包括假想的问题，又包括现实的问题；难题是现实存在的问题，是人类行动受挫的症结所在，是不解决就会影响生产生活的真问题，难题的解决必然带来相应的社会影响；课题则是学界自认为很重要并专门立项进行研究的问题，其产生与解决全程中应用的是学术标准，而非现实标准。无疑，应用学术研究关注的不仅仅是真问题、实践难题，而且是具有较强学术挑战性的实践难题，是必须借助学术思维来进行深入探究才可能拿出有效破解方案的实践难题。否则，这些实践难题的解决者绝不会倾注大量的学术研究，因为借助一般实践者的轻易思考即可解决，无用耗此心神与精力。正是基于这一理念，国外教育博士研究启动了一系列聚焦教育实践难题的培养模式创新举措，例如美国南加州大学罗西耶教育学院的"专题博士论文"，其做法是：教师根据自己的专长和教育实践领域的研究方向，组建专题组，要求博士生自主选择加入课题组完成博士学位论文研究。再如范德堡大学的毕业项目研究，其做法是：设计客户为中心、基于团队协作的毕业研究项目，研究问题就源自校外的教育专业人员和政策制定者提供的一些教育领域中遇到的现实中的实际问题。这些改革的实施从源头上保证了应用学术研究的问题出发点，是构筑高品质应用学术研究的科学思路。与课题研究、理论研究不同，社会难题、现实问题的解决必然产生相应的社会效益，敦促人类社会实践方式的转变与升级，应用学术的巨大社会价值随之显现。可以说，面向社会现实问题、实践难题而展开学术实践是学院学术与应用学术间的分界线。

## 三、应用学术：专业学位研究生教育重建的理念基础

在研究生教育领域，专业学位研究生教育是依托应用学术而设计创造的一种教育形态，回归应用学术的怀抱、依循应用学术的轨迹来变革专业学位研究生教育，是我国专业学位研究生教育回归初心、回归常态的现实选择，是专业学位研究生教育克服异化、健康推进的科学方向。

### （一）专业学位研究生教育的应用学术性

专业学位研究生教育面向应用学术而生，具有当然的应用学术性，即学术性、行业性与实践性三位一体，其应用学术性具体体现在这三个方面：

1. 栖身大学学段的理论适用性

专业学位研究生教育既不是职业训练教育，也不是行业内师徒教育，而是栖身大学的高等教育，这就决定了它必须具有学术性，必须具有理论关涉性与理论归属性。当然，学术学位研究生教育与专业学位研究生教育都具有理论关涉性，只是二者与理论发生关联的方式不一样：学术学位研究生教育关注理论的原创性，以新理论研发为使命，而专业学位研究生教育关注的是理论适用性，以理论内蕴的改造实践潜能的释放为关注点，以实践品质的提升、社会效益的产生为使命。所以，正是因为二者都关涉理论，都注重理论的品质，所以两者都属于研究生教育，都要以一定的学术水平来支撑，学业完成者都应该授予一定层次的学位。更进一步看，专业学位研究生教育的焦点在理论适用上，这一过程的实质是对实践领域中的复杂问题、社会难题进行理论视角上的"框定"后再求解，这是因为"要把问题情景转换为结构良好的问题并不是靠技术问题就能解决的。相反，通过命名与框定，技术问题的解决才成为可能"。这一"框定"过程就是选择适当的理论成果对具体实践问题进行解释、分析并形成实践学问，给出应对之策。以教育博士项目为例，学者认为，它"志在解决教育实践中的问

题，它关注的不是理论的原创性，而是如何能够正确地实践，它需要的是能够面对真实实践的理论，是一种实践性的理论或能够转化为实践行动的理论"。即是说，这一过程同样具有较强的学术性，势必也包含着对预定理论框架的调适、重构与创造的过程，甚至可以说，没有对既定理论进行过丝毫修剪、"裁剪"的实践过程一定是无效的，只会落得用理论来"套"实践的本本主义悲剧。在这一意义上，理论与实践间的对接是一个相互调适、自然磨合的过程，必然伴随着理论的创新与完善环节，这就是理论适用过程中体现出来的独特学术性。我们换个角度来看，研究生教育是大学专属的事业，之所以要将专业学位研究生教育纳入大学教育的领域，本身就意味着专业学位研究生教育必须是学术教育，必须通过学术探究的路径来进行，只不过这种学术探究更关注实践中的学术问题。

2. 聚焦行业问题的应用归属性

从研究归属性来看，专业学位研究生教育立基于应用研究而非基础研究，归属于行业教育而非学科教育，瞄准行业中的社会难题而非理论前沿问题，这就决定了其应用学术性的特征。教育部《关于加强和改进专业学位研究生教育工作的若干意见》中明确指出："专业学位，或称职业学位，是相对于学术性学位而言的学位类型，培养适应社会特定职业或岗位的实际工作需要的应用型高层次专门人才。"这就规定了其目标定位是培养高层次行业人才、职业人才、专业人才，而非理论人才、学科人才、学界人才。这类人才的培养必须求诸高层次实践研究来实现，必须植根于高端实践环节之中。无疑，这种高端实践研究不可能在日常实践中进行，而必须借助人为搭建的学术研究平台来实现，这就是专业学位研究生教育，其基本搭建思路是：从行业中捕捉具有典型性、现实性、挑战性的社会生产生活难题，将之作为研究对象；从大学教师队伍中遴选具有实践研究经验的专家，组建一支专业的导师队伍；从相应行业中选拔出一批有实践研究背景、学术研究旨趣的优秀从业者，将之作为培养对象。这就是专业学位研究生教育实施过程的原型。从这一角度看，聚焦行业问题难题，致力于为此类问题求解，进而提升专业实践效力，是实施专业学位研究生教育的初心所在。更进一步讲，行业问题、社会难题的解决并不取决于理论成果储备的多寡，而是取决于对问题解决来说最具针对性的理论成果多寡，取决于研究者、实践者围绕问题解决来选配理论、延伸理论、加工理论的能力与智慧。在这个意义上，问题聚焦、心系行业、关注应用、瞄准效能是专业学位研究生教育的本然特征，是应用学术研究赋予它的独特属性。

3. 扎根专业领域的实践归属性

从归属性来看，学术研究有两类：一类是学科研究，以系统性、学科化的知识学问生产为特征；一类是领域研究，以实践性、专门化的职业领域为代表。显然，专业学位研究生教育归属后者，即职业领域或专门领域，属于一种典型的专业教育，具有明显的实践归属性。所谓专业教育（professional education），即专门性职业教育，是开展专业知识技能教育，以造就专门职业人才为目标，致力于提升职业的专业性与实践特性的一种教育形态。专业都是"有学问的职业"，专业学位研究生教育一定是一种"以学术为依托，是内涵学术性的职业教育"，学术支持是高层次专业学位研究生教育的本质特征。尽管如此，学术性不是专业学位研究生教育的首要特征，实践性才是其首要特征，"学术性"从属于"实践性"是专业学位研究生教育的根本特征。进一步看，专业学位研究生教育是为创建高品质实践而产生的，扎根实践、反思实践、变革实践是专业学位研究生教育的天然职责。就专业学位研究生教育而言，其实践归属性有多方面的含义，但最重要的含义有三个：亲实践性，即专业学位研究生教育与行业实践是毗邻关系，而非远亲关系，是相互嵌套的关系，其教育品质的提升会对实践改进产生直接推动效果；向实践性，即专业学位研究生教育的所有要素与活动都必须瞄准实践、服务实践、指向实践，服务于实践目标的达成，以此来确保研究生教育对行业实践的引领地位；实践至上性，即专业学位研究生教育必须将实践逻辑、实践道理、实践走势、实践轨迹放在至高无上的地位，将一切教育观念、教育思想、教育创新都纳入实践轨道来展开。因此，坚持实践归属性是专业学位研究生教育守正固本、回归本心的根本遵循。

### （二）专业学位研究生教育的特殊性

在研究生的教育中，专业学位研究生教育具有其独特性与专属性，这一属性源自其应用学术属性。站在应用学术的立场来分析，专业学位研究生教育必须遵循应用学术的原理、轨道与属性来开展，全面彰显其理论适用性、实践归属性与应用归属性。

1. 高端理论的学术支点

应用学术的起点是先进理论研究成果，从高端理论这一学术支点出发开启实践学术探究的历程，是专业学位研究生教育的首要特性。海德格尔指出，每一种实践总是"暗含和依赖于一种未曾实现的想法"，这种想法发端于先进理论成果与认识视角。一方面，高端理论支点是专业学位研究生教育"学术性"的体现，从身边熟知的先进教育理论出发是高屋建瓴地开展专业学位研究生教育的要求，是确保其学术性品格的保证；另一方面，从高端理论起步来探究实践，引导学习者在将理论与实践结合过程中研发出新产品、新作品、新方案、新对策，是构筑高端实践形态的一般路径。以教育博士项目为例，它关注的实践"不同于技术化的操作行为，而必须具有一定的理论性和学术性，也就是说这里的实践具有理论的品格"。对专业学位研究生教育而言，从高端理论成果出发，将之引入实践、重构实践，开展高学术含量的实践研究，才是真正意义上的专业学位研究生教育。也正是这一点，才将之与普通职业教育区分开来，使之成为高等教育。

2. 立足现场的专业探究

舍恩指出："当工具性问题的解决建立在系统的、倾向于科学的知识基础之上时，实践能力方具有专业性。"故专业学位研究生教育的核心构成要素也是学术研究，但这种学术研究具有两大特点：一是沉入到实践底端并以实践为内核的研究，关注的是困扰人类社会生产生活的实践难题；二是探究的是实践活动内蕴的一般道理，即实践之"道"，这种"道理"尽管不具有普适性，但对实践问题的解决却具有特适性、特效性。这两点正是来自应用学术研究的启示，它们决定了专业学位研究生教育的主体成分是立足现场、面向实践的专业探究，是一种面向专门问题、聚焦专门理论、研发专业对策的实践研究。对专业学位研究生教育而言，其中"专业"的含义是"专门职业"，是发展成熟、学问深厚、技能丰富、不可替代的特殊职业门类，堪称人类职业丛林之中的顶端类型。这类职业的发展与进化是在解决一个个棘手问题中实现的，正如舍恩所言："在专业实践的各种地形图上，有一块见识的高地俯视着一片沼泽地……在沼泽地，棘手而混乱的问题无法通过技术手段解决。"一旦面临此类专业问题，单纯技术工作者是难以解决的，必须求诸学术探究来应对。因此，走进现场、应用理论、开展研究成为应用学术产生的自然过程。作为对应用学术的一种自觉响应，专业学位研究生教育必须要求学位攻读者沉入现场、发现问题、深入研究、搞清门道、研发对策，力促这些专业问题的迅速破解，并推动社会生产力的真实增长。从这一角度看，专业学位研究生教育的特殊性在于其开展的面向专门问题的专业探究，即专业性，它始终以专业发展先驱者、先锋者的角色引领每个专业前进，成为人类专业实践推陈出新、不断超越的强大引擎。正是因为如此，我国教育博士的培养目标是"培养实践领域的高层次专门人才，使其能够创造性地解决教育实践中的复杂问题"。也正是由于这一点的存在，才使我们更加清楚：专业学位研究生教育是一种高级"专业教育"而非一般"学术教育"，是一种栖身于"大学组织"与"专业行业"的两栖型教育而非单单依托其中之一的纯粹学术教育或纯粹职业教育。

3. 改进现实的社会效应

真正的专业学位研究生教育是高端理论教育与高端实践研究的合体，是高端实践学术成果孕育的摇篮。因此，专业学位研究生教育是一种扎根行业实践、面向实践改进的高级专门教育形态，其存在的意义就是引领专业实践变革，产生改进社会现实的社会效应。进言之，专业学位研究生教育的立足点是高理论，中坚点是强实践，而其落脚点则是显效应，即改进社会现实的明显的社会效应。改变实践、变革社会是专业学位研究生教育的生命线，其给社会改进带来的实际效应是评价专业学位研究生教育品质的核心指标之一，实践改进、社会改进构成了专业学位研究生教育的两大关注点。与学术学位研究生教育或学院学术教育相比，专业学位研究生教育的成功不是在学术圈中显现的，不是以高端学术理论发现或原创思想来体现的，而是通过行业技术革新、生产方式剧变与社会效率猛增来彰显的。如果专业学位研究生教育活动不进行应用研究，不关注应用研究的社会效应，那么它极可能走上学术性学位研究生教育的老路。所以，对改进现实的社会效益的关注是将专业学位研究生教育与学术学位研究生教育从根本上区分开来的一道界限。

## 四、应用学术视野下专业学位研究生教育的改进方向

在应用学术视野下，专业学位研究生教育应该坚定走应用学术研究的道路，坚持按照"从实践问题出发，依托成熟理论，开展实践研究，探寻实践学问，追求实践效果"的指针来重构专业学位研究生教育的系统与流程，力促专业学位研究生教育全面彰显应用学术性的特质。

### （一）坚持面向实践问题的教育起点

显然，专业学位研究生教育的核心环节是学术研究，无论是日常研究还是论文写作，都必须从起点上锁定研究的方向，突出实践研究，这就需要坚持问题导向，将每一项研究都坚实地建基于实践问题之上。实践问题是社会生产生活中客观存在的，只要研究者善于发现、有学术敏感性，就可以捕捉到最适合自己研究专长且具有一定研究价值的实践问题。当然，实践问题具有多样性、客观性与隐蔽性，需要研究者具有一定的理论储备、研究眼光、实践敏感与实践经验才可能捕捉到，对于专业学位的攻读者来说更是如此。想要寻觅到最有价值的实践问题，需要研究者躬身实践、进入现场、检索理论、多维审视、激活头脑，尽可能站在较高理论起点上识别出最有研究价值、社会意义的实践问题，将之作为自己的研究对象。应该说，找到一个最适合的实践问题，应用学术研究就成功了一半，专业学位研究生教育的"专业性"就有了最基本的保证。

### （二）探寻实践学问的教育目标

在研究者锁定实践问题之后，学习者应该进一步清理研究目标——探寻实践学问，而非简单地给出一个问题解释框架，或者仓促地给出应对之策。专业学位研究生教育的意图是引导学习者在开展学术研究中探求实践学问、实践之"道"，找到应对实践问题的学术研究策略，而非将主要精力投放到原创理论或实用方案研发上面。这是因为，原创理论贡献是学院学术研究的专属领地，实用方案研发是企事业单位专业人员的专属领地，探求原创的实践学问才是专业学位研究生教育的专属领地。原创实践学问的探究要求专业学位攻读者必须具备三项素质：一是实践问题的理论解释力，二是实践问题生发机制的发现力，三是实践行动方案的创造力。这三项能力是研究者穿透问题表象，进入问题内部，搞清运转机理，理出实践道理的必需主体素养。实践学问是隐藏在特定实践问题、实践活动背后的规则、道理、机制，一旦掌握了这一学问，类似问题的解决便有了坚实的理据依托、道理依托，实践行动方案的研制便有章可循、有

理可依，行业实践难题解决的效能自然会大幅度提高。从某种程度上来说，理论学术成果只有借助应用学术研究转化成为实践学问之后才能使用，而这一转化过程同样是一次学术研究过程。无疑，专业学位研究生教育就立足在这一特殊学术研究过程之上。

### （三）重视实践研究的教育方法

应用学术研究要探明实践学问，必须借助一系列独特研究方法来进行，这就是实践研究方法。其实，从研究优势上来看，所有研究方法可以分为两大派系——理论系方法与实践系方法，二者之间差异明显：理论系方法重在发现新理论，故实证研究、调查研究、实验研究、演绎研究、历史研究等较为适合；实践系方法重在研发对策，故行动研究、归纳研究、现场研究、临床研究、叙事研究、田野研究等较为适合。实践学问难以用数字、图表来呈现，而必须用案例、故事、体验、经验、感悟等来进行呈现，这就决定了应用学术研究必须深挖实践系研究方法，完善实践研究方法论，为实践学问的发现建立新工具。正是如此，专业学位研究生教育中必须明确要求研究者使用实践系研究方法，建立起研究资料收集、研究方案设计、研究过程开展、研究结果解释的专属方法论，确保学术研究行走在"向实践"的轨道上。

### （四）追求实践效果的教育标准

应用学术研究的强势在实践改进效果上，而非学术成果在理论界引发的圈内效应。因此，用实践效果标准来判定专业学位攻读者是否符合毕业条件具有其科学性。无疑，学术学位研究生教育与专业学位研究生教育的终端成果都包括学位论文，但学位论文品质的判别标准是不一样的：学术学位论文应该重视其理论原创性、思想先进性，而专业学位论文更应该重视其实践效能性、实践变革性。某种意义上说，任何学术教育的最终归宿点都是实践，都是社会生产生活，但相比而言，学术学位研究生教育与实践间应该是张力式的，即理论与实践间保持着适当的"间距"，而专业学位研究生教育与实践间应该是亲缘式关系，其研究成果必须直接服务实践并为实践的转变、技术的更新、行动方案的优化提供最直接的贡献。尽管专业学位研究生教育在进行中也必须借助学术研究，但学术研究始终服务于实践效果的显现与提升。所以，专业学位研究生教育应该始终坚持实践标准、效果标准，并将学术研究评价寓于实践效果评价之中。

# 第五节　专业学位研究生教育发展国际趋势及启示

研究生教育中存在着两种主要的学位类型——学术学位（Academic Degree）和专业学位（Professional Degree）。本节将国外学位制度与中国现行学位体系进行剖析、研究、对比，把各国学位体系中符合中国语境下的专业学位或项目纳入考查范畴，综合考虑。依据《硕士、博士专业学位研究生教育发展总体方案》的定义，将专业学位界定为：针对社会特定职业领域的需要，培养具有明确职业和应用导向的、具有较强的专业能力和职业素养、能够创造性地从事实际工作的高层次应用型专门人才而设置的一种学位类型。专业学位与相应的学术学位处于同一层次，培养规格各有侧重。专业学位是兼顾学术性、职业导向性、实践性的一种学位类型，如 MBA、MPA、法律硕士、临床医学硕士、教育博士、临床医学博士等。

专业学位制度是国际上主要发达国家培养高层次应用型人才的重要途径之一，是应对新科技革命和新兴产业发展对高等教育挑战的关键性措施。20 世纪 60 年代开始快速发展，与学术学位重高深知识、培养拔尖人才不同，专业学位更重视与社会实践的密切联系，学术学位与专业学位共同建立了不断完善的现代大学制度。截至 2019 年，中国已累计授予 321.8 万人硕士专业学位、4.8 万人博士专业学位，有力支撑了社会经济的发展。根据社会需求有针对性地设置了 47 个专业学位类别，共有硕士专业学位授权点 5 996 个，博士专业学位授权点 278 个，基本实现中国主要行业产业全覆盖，中国已完成《学位与研究生教育发展"十三五"规划》提出的到 2020 年专业学位硕士招生占比超过学术学位达到 60% 的目标。可以看出，专业学位已经成为中国最重要的学位类型之一。

各国专业学位探索的历程不尽相同。法国在 18 世纪初建立了"大学校"，最早进行类似专业学位的教育。美国 1908 年授予了第一个专业学位。韩国 1959 年在汉城大学（现首尔大学）自设了开展专业性研究生教育的专门研究生院，是该国专业学位教育的萌芽。英国在 1963 年提出发展专业学位教育的建议。德国从 1967 年一些教育理念较为先进的州开始主动尝试建立新型高等教育机构，开展专门培养学生技能的教育活动。日本 1999 年开设了专门试点职大学院，以培养高层次职业人才。以上六国均为发达国家，其专业学位发展较为典型、各具特色，为其国家发展提供重要人力、智力支撑。

2020 年 9 月 25 日，中国国务院学位委员会、教育部联合发布的《专业学位研究生教育发展方案（2020—2025）》明确指出，中国专业学位研究生教育已经进入了新的发展阶段。并指出，美国、英国、法国、德国、日本、韩国等发达国家均大力建设专业学位，具有较为成熟的经验，有力支撑国家发展。实际上由于各国对所谓"专业学位"的界定并不明确、认知较为复杂，中国对各国专业学位发展状况的认知并不明朗，对其发展脉络、发展取向的认知尚不清晰，亟须进行相关研究。本节在课题组长期进行专业学位国际比较的基础上深入分析这些典型国家"专业学位"研究生教育发展的特征，重点分析其发展趋势，回应中国研究生教育发展战略选择，促进中国专业学位研究生教育未来可持续发展。

# 一、学术和非学术学位的划分逐渐得到认同，对专业学位认知宽容度增加

学位类型的产生与发展不仅受到各国研究生教育自身逻辑的影响，还受到各国历史文化、政治经济制度等方面的影响。学术学位的产生源于高等教育保存、传输、创造高深知识的使命，1810 年柏林大学的创办标志着近代意义上学位的产生，最初只设哲学博士学位，要求学生追求纯粹的学术、至高真理。其他国家在此基础上发展出本国的学术学位，因此，各国对学术学位的认知较为一致。随着时代发展，应用知识逐渐渗入研究生教育领域，逐步出现了独立于学术学位的"非学术学位"。世界上主要国家基本已经认同了学术学位和非学术学位的划分，在此基础上非学术学位进一步进行划分，而这种细的划分因国而异，进行了形式多样的制度建设和实践探索。在对非学术学位的划分中，职业导向强的非学术学位有一定程度上的共识，但对职业导向较弱的非学术学位却存在着不同的认知，在教育实践中采取不同的教育模式选择。

中国语境下的专业学位强调应用性，同时具有职业指向，与国际上公认的"非学术学位"这一概念较为一致。中国将"专业学位"英译为 Professional Degree，这与国外实际用法有较大差异，Professional Degree 在国外更多指的是临床医学、律师、教师等与执业资格紧密相连且具有职业壁垒的培养项目，是一种职业学位。在研究生教育国际化的大趋势下，各国对所谓的职业学位、应用学位、专业学位等译名表现出越来越多的宽容和适应，在国际交流中互相选择性地靠近。但英国课程硕士、法国大学校、工程师学校近年来在中国招生时会使用中国理解中的"Professional Degree"，由此可见国际上对专业学位认知的宽容度逐渐在增加。

美国对专业学位的探索及阐释是自下而上的，在该国国家、州法律上没有关于专业学位明确的规定，但第三方机构如学会、协会，对学术型和应用型、专业型学位进行了区分，也存在其不同的分类办法。1935 年美国大学协会（Association of American Universities，AAU）首次提出的区别于学术性学位的专业名称后缀命名方式的应用型或职业型学位建议得到普遍采用。依据美国教育部国家教育统计中心发布的学科分类系统（Classification of Instructional Programs，CIP），美国学位制度可划分为学术型学位、应用型与专业型学位（如 MBA 或 EdD）、职业技术型学位（如第一职业学位 FPD）三类。所以，整体上美国公认学术学位和非学术学位的划分方式，但"专业学位"的概念尚未有官方统一的定义。院校层面对学位类型的名称有很大的自主性和解释权，如哈佛大学、美国东北大学在招生宣传时会明确使用"Professional Degree"一词。

英国亦在法律上并没有"专业学位"的明确说法，但英国高等教育质量保障署（Quality Assurance Agency for Higher Education，QAA）相关质量标准制定中，对于职

业型较强的学位项目有不同学位名称的后缀表述，如工程硕士或工商管理硕士，同时又存在研究型和修课式硕士研究生的区别。修课式硕士研究生主要培养应用型研究生，与学术型研究生招生、培养（必修课类型、论文或实践项目）、学位授予、未来职业选择等方面有较大的区别。同时，英国政府的教育统计中主要体现出研究型和修课式硕士研究生的区别。在中国语境下，在英国攻读修课式和带专业名称后缀的学位的研究生可视为专业学位研究生。

法国类似于专业学位的教育发端较早，历史悠久。1982 年开始正式创办现代意义上的专业学位教育，大多集中于开展精英教育的大学教育系统，同时大学教育系统中也有部分开展。专业学位相关的文凭，有国家文凭如工程师文凭，也有大量学校文凭，如工商管理硕士文凭，但一般都需要第三方机构的参与，对其专业性和发展性进行认证，以保证学位授予的合法性和职业适用性。上述学位类型可视为中国语境下的专业学位。近年来，法国大学校、工程师学校在招生宣传过程中，为了便于理解，更是频繁地使用法文或英文翻译的"专业学位"。例如，巴黎中央理工学院、法国的建筑学院。

德国的学术学位与专业学位没有明确的称谓区别，但从法律上对不同类型学校所培养的人才类型加以区别。所以，一般认为德国的专业学位特指应用科学大学和其他专门学校培养的学生所获学位，这些专门学校是培养应用型人才的专门高等教育机构，如埃斯林根应用科学大学培养的机械制造硕士类似中国的工程专业学位硕士。德国的应用科学大学更注重培养学生的实践和就业能力，在师资和学生培养方案上有明确的实践性要求，但应用科学大学在授予的学位上基本无异于其他普通的硕士学位，区别是其毕业生可自动获得实践工程师的称号。在中国语境下，将 FH 这类专门学校涉及的学位项目视为专业学位，但同时也发现其大学系统开展现代的 MBA 或国际硕士等的偏应用型的学位项目。

日本的专业学位是与硕士学位和博士学位并列的研究生教育的第三种学位，包括硕士专业学位、教职专业学位和法务博士专业学位。专业学位和传统学位命名规范不同以示区分，传统学位命名为"硕士（某学科）"，如"硕士（哲学）"；专业学位则命名为"某专业学位硕士（专门职）"，如"学校教育硕士（专门职）"。但当前日本专业学位的发展面临很大挑战，发展较为迟缓，最早设置的法科大学院发展遇到障碍，一方面想要培养高层次应用型人才，另一方面没有给予专业学位制度保障，在发展中充满着矛盾。日本早稻田大学亦使用 Professional Degree 进行招生宣传，并强调专业学位课程秉承"基于理论与实践的融合来培养知识技能和人文素养"的理念。

韩国的研究生院由一般研究生院、专门研究生院和特殊研究生院构成，其中专门研究生院与特殊研究生院培养高级职业技术人员，即在中国语境下的专业学位。韩国的专业学位与学术学位在招生、培养、学位授予、就业等方面有较大的不同，同样是一种独立的学位类型，有专门的法令予以明确。

由此可见，国际上基本认可了学术型学位和非学术型学位的划分方式，对"专业学位"的认识尚不统一。但在国际交往中，各国对非学术学位的表述有着极大的宽容度，如英国的课程硕士和法国学徒制、工程硕士等在本国未明确归为专业学位类型，但也会用"Professional Degree"的翻译进行国际招生和宣传。

## 三、总体上各国专业学位结构趋于合理，层次、规模有继续扩张趋势

从专业学位结构来看，美国、英国、法国专业学位覆盖的学科领域最广，所开设学科与行业需求紧密联系，大多集中于法律、教育、医学、工程技术、工商管理等应用性较强的领域，结构较为合理。

具体来看，美国专业学位教育设有 40 余种专业学士学位（如环境设计学士、农业工程学士等），110 余种专业硕士学位（如工程技术硕士、教育硕士等），50 余种专业博士学位（如教育博士等）和 10 余种第一专业学位（如药学博士等），覆盖法学、经济学、教育学、历史学、文学、理学、工学、医学等领域。美国十分注重交叉学科的发展，CIP 专门为交叉学科赋予两位数代码（相当于中国《授予博士、硕士学位和培养研究生的学科、专业目录》中的学科门类），而交叉学科中绝大部分是具有更强应用属性和职业属性的专业学位学科。最新的发布的 CIP2020 为交叉学科新增 24 个四位数代码及 26 个六位数代码，是新增数量最多的两位数代码之一。

英国的修课式硕士研究生（Taught Postgraduate）和专业博士覆盖领域广泛，涵盖医学、农业、数学科学、计算机科学、工程技术、建筑园林规划、社会研究学、法律、工商管理研究、大众传媒和档案、语言学、创意艺术与设计、教育等领域，英国的专业学位注重与社会需求相匹配，注重与企业、雇主等合作培养人才，所设专业具有较强职业导向或应用性，学科种类也不断增多。

法国 2013 年前共有 7 700 多种硕士文凭，其中包含 1 841 学科，5 806 个专业。法国教育部认为这些学科与专业的定义过于宽泛，同时一些学科不能明确体现学科的培养内容，因此法国教育部决定将学科一级减少至原来的 10%。2014 年，法国政府的新法案出台，规定学科一级由国家统一规定，共计 253 个。2003—2006 年间，学科领域由学校自主规定，但从 2007 年开始，学科领域只能从四个学科领域中选择，这四个领域分别是：艺术、文学、语言；法律、经济、管理；人文科学与社会科学；科学、技术、卫生。虽然 2014 年起法国的学科一级总数大幅减少，但其覆盖的领域实际上有所扩张。

德国专业学位覆盖经济学、法学、教育学、文学、管理学、理学、工学、医学等领域，目前共有 25 种。德国应用科学大学注重设置新兴学科和交叉学科，注重校企合作，也注重服务于地方企业。

日本专业学位发展较晚，自 2003 年日本节部科学省颁布了《专业学位研究生院设置基准》后，专业学位正式开展。截至 2018 年已在日本的 119 所大学设立专业研究生院，169 个专业学位授权点。设置了人文社科类、理工类以及医学类三大类的 42 个专业学位，如会计、公共卫生、临床心理、艺术、护理等。

韩国一级学科由国家规定，二级学科由高校自行设置。专业学位主要在各大学专门研究生院设置。截至 2020 年，文章整理了 370 个专业名称，可分为语言文学、人文、法律、社会科学、经营经济、教育、生活科学、药学、保健、建筑、机械、电子电气与计算机、材料、化学高分子能源、产业安全、医疗、体育舞蹈、戏剧电影话剧与广播演艺、美术设计、音乐、应用美术、化学环境与生命科学、农林水产以及特定专业领域 24 种。

从专业学位规模来看，虽然各国统计口径差异较大，根据文章所定义的专业学位，美国、英国、法国授予专业学位人数的比例远远超过学术学位，且有稳步上升的趋势。德国、日本、韩国当前专业学位授予人数低于学术学位，但仍孕育着上升的趋势。

具体来看，美国《国家教育数据统计年鉴 2019》数据显示，近几年美国专业学位授予人数超过了学术学位且呈不断上升趋势。英国专业学位教育也呈现出规模不断扩大趋势，当前修课式硕士研究生由于其入学门槛低、学习年限短、职业属性强等特点受到英国及国际学生的欢迎，招生数量大大增加，已超过学术学位招生的规模。法国国家认证的文凭大部分未明确区分为学术型或专业型，但法国研究生教育有着与行业密切联系的传统，所以其授予的学位绝大部分是通常语境中的专业学位，尤其是其卓越的工程师项目，具有越来越高的国际化水平，不断吸引着留学生，因而法国专业学位规模具有进一步扩大的趋势。德国的应用科学大学无论是地位还是规模较以往都有了质的飞跃。1969 年应用科学大学刚刚诞生时，是以教学为主的专科学校，往往给人一种"低人一等"的感觉，但如今已经是广受欢迎的培养高级应用人才的大学。其在校生人数比例在 50 年间由 0 增长至 36.7%，且有进一步增长的趋势。

日本专业学位在校人数占总体在校人数 10% 左右，在校生人数 2003—2010 年逐年增加，2010 年后逐年减少。不过日本为了顺应国际潮流，加强教育与产业的联系，于 2019 年开设了培养应用型人才的专门职大学和专门职短期大学，专门职大学课程内容的特点是产教融合、职业化程度高、与社会需求匹配度高。现有的大学和专科大学还可以根据其需要将其转为专业职业学院。此外，日本发布了《2040 年高等教育总体规划报告》提出要提高专门职大学在整个高等教育系统中的地位，因而预计专业学位规模将有回升的趋势。

1959 年，韩国汉城大学（现为首尔大学）自设了开展专业型研究生教育的研究生院——行政研究生院和保健研究生院，至 1996 年韩国政府开始正式实施专门研究生院制度，21 世纪后专门研究生院开始快速发展。专门研究生院主要招收具备较高素质和专业能力的相关专业的四年制大学本科毕业生，最新数据显示韩国专业学位研究生占总人数比例在40%左右，并呈上升趋势。

从专业学位层次来看，美国、英国、法国、德国、韩国在学士、硕士、博士三级层次均可授予专业学位。美国除上述三级外，还有一种特殊的专业学位——第一专业学位。德国专业博士学位只有黑森州政府授权的应用科学大学可以独立授予博士学位，类似中国的工程博士。日本的专业学位大多是硕士层次，博士层次只有1种，即"法科大学院"授予法务博士（专门职）专业学位。

## 四、各国专业学位认证文化更加浓烈

认证具有悠久的历史，主要包括准备评审、自我评估、实地考察，认证评审决策和周期性复评等程序，一百多年前发端于美国，在如今已得到世界贸易组织、联合国教科文组织以及各国政府和教育机构的认可，成为世界范围最流行、最有公信力的高等教育质量保障机制。

美国的认证体系分为高校自身专业评估的内部质量保障体系，以及非政府性质的民间团体评估的外部质量保障体系。两种质量保障体系有机结合、互为补充，为美国专业学位研究生教育的质量起到重要的保障作用。

在博洛尼亚进程的推动下，欧洲开始学习和借鉴美国的认证模式以提高其高等教育的国际化竞争力。面对欧洲高等教育一体化、新科技革命、新产业革命、充满变数的国际环境等一系列挑战，欧洲的认证文化愈演愈烈，逐步形成了形式多样、灵活高效的认证模式。英国成立了QAA，是高等教育领域中唯一的质量评估单位，职责是制定和监督英国高等教育标准。在新的社会需求驱动下，QAA于2018年修订并发布了新的《英国高等教育质量准则》，以此来保障英国高等教育的质量。

法国高等教育质量监控是集权式的，即政府部门主导型，在发展的过程中逐渐形成了一套较为成熟和完善的学位质量的保障体系。主要由国家高等教育与研究委员会（CNESR）等政府机构，国家科学研究委员会、工程师职衔委员会、大学理事会、学位授予委员会等三方机构以及各高校行政管理委员会组成。工程师职衔委员会于2019年更新了《法国工程师职衔委员会认证指南》，主要强调了扩大工程师的培养途径，使工程师这个法国特有又十分封闭的文凭越来越开放，越来越国际化。且强调不再进行点对点指标性的评估，而进行对能力培养的认证。

德国过去是专业学位授权自然获取模式，可按其法律规定直接获取专业学位的授权，不需要专门的认证，博洛尼亚进程后德国的认证文化快速发展，在2002年的该国文教部长联席会上决定，认证具有永久的法律地位，适用于所有的州和所有的高等教育机构，尤其是能代表德国专业学位的FH。德国的认证系统由德国认证委员会及其指导下的实际认证机构组成，当前德国有六个认证委员会批准的认证机构。

日本硕士专业学位研究生教育的质量由政府、学校、社会共同保障，日本专业学位参考西方国家引入了由该国文部科学省授权的第三方民间评价机构，开展专业学位教育的评估工作。日本对专业学位发展的态度较为摇摆，但孕育着进一步发展的可能性，随着日本专业学位的进一步发展，第三方认证机构将发挥越来越重要的作用。

韩国的高等教育质量评估体系较为完善，在专业学位发展过程中，为提高专业学位质量出台了一系列的政策，形成了一系列制度。为了持续提高专业学位发展质量，韩国开始建立中介评估组织，朝着学科评估认证和自主评估方向发展。

## 五、各国积极探索以学徒制为代表的深度产教融合的专业学位教育

专业学位教育具有丰富的内涵，一方面，体现在专业学位既包含培养临床医生、律师、教师等具有明确职业壁垒的学位，也包含那些在教育成果和职业资格衔接方面具有不同方式且具有明确职业导向的学位；另一方面，也体现在对以现代学徒制为代表的深度产教融合学位类型的探索，体现了学术、实践、职业不断融合的趋势。学徒制是一种完全的产教融合，尤其是工程专业里的学徒制更加明显。德国在职业教育"双元制"的成功经验鼓励并促使包括美国、欧盟国家以及中国在内的许多国家采用学徒制来培养年轻人，部分国家甚至开始在研究生阶段开展"学徒制"方式的教育项目。

德国双元制（Dual System），指的是私人办的企业作为"一元"，与国家办的学校作为另"一元"，合作培养技能人才的职业教育制度。德国双元制学徒均要参加国家统一考试，并取得德国乃至欧洲认可的执业资格证书。德国双元制与普通教育全面融通，给学生提供了自由选择教育的机会。双元制宏观上有效推进了校企融合、产教融合。虽然"双元制"是全球近代学徒培养模式的典范，但是尚未开始研究生层面的学徒制探索。

美国的现代学徒制是一种基于目标的"合作模式"，企业会明确提出培养学徒的若干能力目标，学徒根据自己领域的职业需求选择对应的企业进行学习，且一般会根据不同的能力目标选择多个企业进行学习。2017 年 6 月，美国总统发布了关于"扩大学徒计划"（President Apprenticeship Expansion Task Force）的第 13801 号行政命令，其中指出要支持社区学院和四年制高等教育机构将学徒制纳入学习课程。学徒制开始在高等教育机构中出现，但是学徒制仍未正式进入研究生教育层面。

英国在国家的主导下，于 20 世纪 90 年代开始探索现代学徒制，形成了"学习—实践—学习"工读交替的"三明治"模式。近十年开始在本科和研究生层次出现学徒制，学徒向公司提出申请，通过后在大学的特定项目中进行学习，本科制的学徒主要是制

造工程方面的，研究生制的学徒包括研究生学位的工程学徒以及高层领导的学徒，考核合格后可以授予本科层次或研究生层次的学位。其将学徒制与国家职业资格（NVQ）体系相挂钩，分为前学徒制、学徒制、高级学徒制、高等学徒制，不同层次学徒制的主要区别在于学习的技能和知识的先进程度，分别对应于 NVQ 的 1 ~ 4 级，是一种完全的产教融合。

法国的学徒制分为高中和高等教育两个层次，涵盖了法国国家职业资格的 2 ~ 5级，相当于欧洲资格框架的 3 ~ 7 级。其中，高中层次的学徒可获得的资格证书包括职业技术证书、职业学习文凭、进修专业文凭、职业证书、职业高中会考证书等；高等教育中的学徒可获得的资格证书包括大专技术文凭、大学技术文凭、专业学士学位、硕士学位和工程师文凭等。这些证书与学生通过全日制教育获得的证书完全一样。经笔者所在课题组调研，在工程师后期，对应研究生的阶段，法国大学校中大概有 20%的学生选择学徒制，频繁地来往于企业和学校之间。

由此可以看出，各国普遍将学徒制作为人才培养模式之一，学徒制经历了从非正规的学徒制到正规的学校教育的过程，并且出现了探索以学徒制为代表的深度产教融合的专业学位教育的趋势。

## 六、各国专业学位设置流程更加规范

各国新设专业学位项目校内流程大体类似，分为正式流程和非正式流程。非正式流程是由教授先提出提案，接下来由系主任和系学术委员会同时讨论咨询校方管理部门和学术型委员会。正式流程是首先正式填报申请表，然后由系主任和系学术委员会审议，最后学校相关部门和学术型委员会审议并由校务理事会审批。各国专业学位设置流程体现了公平、控制、自律、灵活之间的协调性，越来越具有规范性。

各国新设专业学位项目的申请内容一般包含下列要求：第一，新设标准机构实施学位课程的能力。新项目名称、学员数量、新设项目必要性及可行性、课程内容及运营方法的可行性、培养方案、师资力量、质量保证，同时提交申请费用。第二，毕业生未来就业后的能力与技术。可以预测的具有竞争力的课程设置、就业市场定位、与相关合作伙伴的协调及证明文件。第三，培养计划、培养模式、实施手段。教学时长、课后学习、考核方式、学位课程开始时间、名称，学位课程的结束及目标设定、学位课程类型及学制、预计录取数量、在高等教育发展规划框架下该学位课程的价值、将此学位课程纳入高等教育方针、符合高等教育教学法、负责的教学单位，人员配置，进一步的辅导课程设置，个人发展指导。第四，对新设项目的师资规模和条件有明确要求。例如，德国 FH 要求教授必须获得高等学校教育资格，必须具有五年工作经验，其中要求三年以上的高校以外工作经验，日本法科大学院专职教师中，超过 30% 的人有五年或五年以上的工作经验，并且具有较强的工作能力。韩国专职法学专业大学院要求教师中必须有 20% 来自律师界且具有三年以上工作经历，韩国专业研究生新设条件要求硕士课程确保 5 名以上相关领域的教师，博士课程要求 7 名以上相关领域的教师，韩国法学专业大学院专职教师数量不得低于 20 人，专职教师与学生的比例保持在 1 ∶ 12 左右。除上述要求外，各国往往会充分考虑其经营成本，进行项目的预算和市场评估，例如充分考虑新项目的成本和支撑条件。

各国专业学位设置流程表现出越来越规范的趋势，主要体现在两方面。首先，各国开始重视专业学位设置的备案制度。例如，德国、美国的私立大学、法国专业学位由学校设置，但必须报政府（州政府）备案；韩国、日本高校的专业学位设置需经由政府批复；法国高校专业学位设置亦可由政府授权的第三方机构批复；美国的州立大学设置专业学位时，先经州政府授权的第三方机构审核，再由政府（州政府）批复。其次，在严格的备案制度下也体现出了更多的弹性，体现了专业学位的试错性、尝试性、阶段性、可调性。例如，在韩国，遵循教育部规定的总计划范围内，同一学位不同类型间，招生数额可进行动态调整。

# 七、讨论与建议

中国高等教育刚刚进入普及化阶段，必然对处于高等教育高端的研究生教育提出新的要求，专业学位研究生教育亦然。美国、英国、法国、德国、日本、韩国等国均是多年前已进入高等教育普及化阶段的国家，其专业学位研究生教育在高等教育普及化阶段现已展现出具有认知宽容度增加、结构趋于合理、规模继续扩张、认证文化更加浓烈、产教融合更加深入、设置流程更加规范等趋势。而这些趋势恰恰印证了可持续发展的持续性、整体性、协调性和平等性的基本特征，这些典型国家不断迅速发展着的专业学位研究生教育，通过规模的增长，反映了社会对专业学位研究生教育的持续需求；通过探索深度产教融合及所包含的更紧密的教育成果与职业资格的衔接方式，促使了教育与行业、产业整体发展；通过结构的变化，反映了专业学位研究生教育对社会系统的主动响应和协调；通过规范专业学位设置流程，以及越来越浓重的认证文化，有效地保证了专业学位研究生教育的公平性和质量。因此，有效借鉴国外典型国家专业学位研究生教育的发展经验和趋势，充分领会专业学位研究生教育可持续发展的内核十分必要。为促进中国专业学位研究生教育高质量、可持续性发展，提出以下建议。

## （一）以宽容的态度理解专业学位

专业学位与社会、市场联系紧密，社会、市场在不断变化、发展，人们对专业学位的认识也是变化、发展着的。相较于学术学位，专业学位是新兴学位，其本身就在发展的过程中，所以应以宽容的、保护的态度去认知专业学位，更有利于其蓬勃发展。通过研究发现国外对专业学位的定义亦是模糊的，所以在社会、市场快速发展的背景下，可以先发展再认识，暂时不过分地纠结专业学位的名称或者翻译问题。

学术学位与专业学位都是为特定的职业培养人才。区别是学术学位面向的是更加强调学术与研究的学术职业，专业学位面向的是除学术职业外的所有职业，专业学位具有应用性和职业导向性。专业学位的职业导向有强有弱，职业导向强的专业学位与职业资格对接，甚至影响职业准入。职业导向弱的专业学位也在慢慢变化，具有多元的发展前景，如大数据高水平操作人员，随着其职业成熟度逐渐提高，将有很大可能融入职业导向强的专业学位。由此可见，非学术学位的冗余度较大，具有较大的发展空间，将会在试错中逐步变得成熟，过分纠结专业学位的名称及翻译可能会掣肘其发展。

## （二）进一步扩大专业学位研究生教育规模

习近平总书记在党的十九大报告中指出："经过长期努力，中国特色社会主义进入了新时代，这是我国发展新的历史方位。"随着时代大背景的变化，中国高等教育也即将进入普及化时期，一方面更多人有了进一步学习的需求，另一方面行业更需要高层次应用型人才，尤其是硕士层面的应用人才，专业学位甚至可能成为未来研究生教育的主流。当前中国专业学位招生人数已经超过学术学位，但与专业学位较发达的国家相比仍有一定的差距。《专业学位研究生教育发展方案（2020—2025）》中指出，到2025 年，以国家重大战略、关键领域和社会重大需求为重点，增设专业学位类别，将硕士专业学位研究生招生规模扩大到硕士研究生招生总规模的2/3 左右。在美国、法国、英国的部分专业学位领域的招生规模甚至已经达到总招生规模的 80%。所以，中国专业学位研究生教育规模仍有很大的扩大空间。另外，要做好专业学位快速发展的准备，要注意与行业、职业的需求量成正比，要尊重专业学位研究生教育规律，科学地研判专业学位研究生教育发展规模，避免盲目、无序扩张。

## （三）继续打造和促进认证文化氛围

专业学位认证是促进高校开展内部自查、同行评议，政府、企业、社会、家长、学生等利益相关者评价的有效途径。构建多元的专业学位教育质量认证体系是保证专业学位持续发展的重要手段，有利于专业学位更灵活、丰富，与多方需求融合，保证创新人才培养的质量。认证已经是一种国外通行的、成熟的、有效的质量保证方式。

中国于 2014 年首次在全国开展专业学位水平评估，按照"先易后难、稳步推进"的原则，选取一些设置时间较早、授权规模较大、社会关注度较高的专业学位类别进行试点评估，从侧面反映出专业学位的学科水平。2020 年 11 月，国务院教育督导委员会办公室印发《全国专业学位水平评估实施方案》，决定全面启动全国专业学位水平评估工作，重点对金融等 30 个专业学位类别开展评估。此次评估体系重视以学生成长为视角，以评估中心直接采集的量化指标和参评点提供典型案例等文本和声誉调查相结合，较好地展示专业学位研究生的个体和整体质量。强调了基本标准和质量是基础和底线，体现了逐步发展持续改进的思想，不求一蹴而就。

### （四）尝试以"现代学徒制"为代表的深度产教融合的专业学位

《专业学位研究生教育发展方案（2020—2025）》指出，要积极完善专业学位与职业资格准入及水平认证的有效衔接机制，要健全产教融合育人机制。经验表明，专业学位研究生教育与职业资格的衔接以及进行产教融合十分必要，但不同专业学位类别、不同职业导向的专业学位产教融合深度不一样。笔者所在课题组的相关调研表明，国际上能达到深度产教融合的比例一般是20%，而"现代学徒制"是深度产教融合的典型代表。

所以，建议发挥行业产业协会、专家组织的重要作用，推进其与职业资格的衔接。同时，尝试以"现代学徒制"为代表的深度产教融合的专业学位，先进行试点尝试，采用多种形式的试点。以需求为导向统筹政府、产业、行业、高校等主体，将产业经济优势与高校办学优势相结合，协同推进深度产教融合的专业学位。

### （五）加强设置流程的规范性

研究生教育是国家命脉，而专业学位又关系着人才强国、创新强国的未来。规范的设置流程将保证专业学位研究生教育的可持续发展。具体来看，要保证专业学位设置的规范化、专业化和科学性。顺应时代发展、坚持以市场需求质量为本的动态设置原则，发挥学校获取资源的能力，注重新的学位设置与社会和行业的职业需求匹配。同时，专业学位设置应具有对未来职业的预测性和引领性。专业学位类别设置具有包容性和发展性，专业学位领域设置具有灵活性、探索性和可调整性。专业学位设置管理充分考虑政府监管和高校自主开展之间的协调，完善合理的进入和退出机制、推进专业学位研究生教育健康的可持续发展。

# 第二章　我国研究生专业学位教育

## 第一节　我国专业学位研究生教育发展的回溯

作为国民教育的顶端，研究生教育肩负着培育高端科技人才的重要使命。不同于面向科学研究和理论创新的学术性学位教育，专业学位教育主要关注学术应用、彰显职业属性，其首要任务是为经济社会各个领域提供高层次应用型专门人才。自1990年起，我国专业学位研究生教育的探索之路已经走过三十多年，专业学位与学术性学位并重的发展格局基本形成。随着中国特色社会主义进入新时代，发展更高质量的专业学位研究生教育成为时代的诉求。因此，站在这一时间节点，回顾并反思我国专业学位研究生教育的发展历程，对明确专业学位研究生教育的未来走向具有重要的历史与现实意义。

### 一、我国专业学位研究生教育发展的历史演进

20世纪80年代，具有应用特点的研究生学位试点工作如火如荼地展开。随着试点工作的逐步完善，我国于1990年开设了首个硕士专业学位。在此后三十多年的发展历程中，我国的专业学位研究生教育先后经历了探索期、发展期和完善期三个阶段。

#### （一）探索期（1990—1996年）：奠定了专业学位研究生教育发展的制度基础

1990年是我国专业学位研究生教育的元年。1990年10月，国务院学位委员会第九次会议将"职业学位"的提法修正为"专业学位"；通过的《关于设置和试办工商管理硕士学位的几点意见》提出设置工商管理硕士（Master of Business Administration，MBA），由此开启了我国专业学位研究生教育的先河。继MBA后，建筑学、法律、教育专业学位也于1992年、1995年、1996年先后开始试点。在这一时期，除了积极试办硕士层次的专业学位外，国务院和教育部还出台了一系列相关的制度性文件以支持专业学位研究生教育的发展。如1992年，国务院学位委员会第十一次会议批准了"关于按专业授予专业学位证书的建议"，实现了我国学位制度的重大突破，即按照学科

门类的方式授予学术性学位，按照专业类别的方式授予专业学位；1995 年，国家教育委员会出台的《关于进一步改进和加强研究生工作的若干意见》指出，扩大专业学位研究生教育占硕士生教育的比重、强化专业学位教育与岗位任职资格的联系、在原有试点工作的基础上适时增设新的专业学位等具体任务；1996 年，国务院学位委员会第十四次会议审议通过的《专业学位设置审批暂行办法》进一步对专业学位的性质、目标、层次、审批、实施、授予等方面进行了制度化规定，为专业学位研究生教育的发展奠定了良好的制度基础。

### （二）发展期（1997—2008 年）：明确了专业学位研究生教育的类型地位

1997 年，《关于"九五"期间开展企业管理人员在职攻读工商管理硕士（MBA）学位工作的通知》《关于开展在职攻读教育硕士专业学位工作的通知》等文件的出台，标志着我国专业学位研究生教育发展期的到来。在职人员攻读专业学位不仅拓宽了专业学位教育的招生范围，而且丰富了接受专业学位教育的主体，同时也使得专业学位授予点与招生数开始呈现增长趋势。在这一时期，专业硕士教育陆续增设工程、农业等 15 个专业学位类别，专业博士教育也开始进入试点阶段，临床医学、口腔医学等领域先后开设了博士专业学位。除了完善专业学位规模与结构外，专业学位研究生教育的地位也在这一阶段得以确立。一方面，从 1999 年开始，全国专业学位教育指导委员会（以下简称"教指委"）陆续成立。"教指委"是依据专业学位类别设立的，涉及教育、法律、工程等各个领域，其在专业学位教育中发挥指导、协调等作用。另一方面，2002 年出台的《关于加强和改进专业学位教育工作的若干意见》指出，专业学位以培养职业领域所需的高层次应用型专门人才为目标，与学术性学位属于同一层次、不同类型，两者在高校人才培养工作中具有同等重要的作用。"教指委"的设立以及政策文本导向的明确，标志着专业学位的类型地位得以确立，为专业学位的特色化发展提供了政策支撑与实践的保障。

### （三）完善期（2009 年至今）：强化了专业学位研究生教育的发展特色

2009 年，《教育部关于做好全日制硕士专业学位研究生培养工作的若干意见》明确提出，招收应届本科毕业生攻读全日制硕士专业学位研究生，这意味着学术性学位研究生和专业学位研究生招生数量的增幅开始呈现"此消彼长"的态势，并且全日制学生将超过在职人员，成为专业学位研究生教育的主力军。随着专业学位的规模化发展，这一时期的专业学位研究生教育开始注重特色化的发展。这一方面体现在专业学位培养模式的创新上。从 2010 年开始，一系列关于专业学位发展与改革的政策文件指出要在课程体系、师资队伍、教学内容与方式等方面实现创新，并构建"以职业需求为导向，以实践能力培养为重点，以产学结合为途径，建立与经济社会发展相适应、具有中国特色的专业学位研究生培养模式"。此外，2015 年，《关于加强专业学位研究生案例教学和联合培养基地建设的意见》更加深入地提出，通过开展案例教学改革现有教学模式，借助基地建设推进产学结合，并呼吁培养单位在案例教学和联合培养基地建设两方面加大经费投入；另一方面，专业学位研究生教育的特色化发展体现在专业学位的管理、设置与审核等方面。如"教指委"权责与作用的规范、不以学术性学位授权点作为增列专业学位授权点的必要条件、工程专业学位优化调整为八个专业学位类别等，使专业学位研究生教育的各个方面得到了进一步规范与发展。

## 二、我国专业学位研究生教育发展的特征

我国专业学位研究生教育从试点工作开始，积极探索、不断完善，在很大程度上满足了经济社会发展对高层次应用型专门人才的需求。回溯其三十多年的演进与发展历程可以发现，我国专业学位研究生教育的发展呈现规模化、服务化、标准化和内涵化等特点。

### （一）规模化：构建了层次类型丰富的专业学位研究生教育体系

我国专业学位研究生教育的规模化发展体现在两个方面：一是在层次结构上，基本形成了以硕士专业学位为主，博士、硕士专业学位并存的专业学位研究生教育体系；二是在类型结构上，面向不同就业范围，先后设置了 13 种博士专业学位、47 种硕士专业学位，涵盖教育、工程、医学、法律、经管、农业等多个职业领域。

随着专业学位研究生教育体系的逐步完善，我国专业学位授予点以及专业学位研究生的招生数、在校生数均实现了快速的增长。截至 2019 年底，我国硕士、博士专业学位授予点分别达到 5 774 个、262 个。2019 年，专业学位研究生共招生 484 659 人，同比增长 8.52%，占研究生总招生人数的 52.88%；其中，硕士、博士专业学位研究生分别为 474 273 人、10 386 人，分别占硕士、博士研究生招生人数的 58.46%、9.88%。同年，专业学位研究生在校生数为 1 496 761 人，同比增长 38.96%，占研究生总在校生数的 52.27%；其中，硕士、博士专业学位研究生分别为 1 474 004 人、22 757 人，分别占硕士、博士研究生在校生数的 60.42%、5.36%。由此可以看出，无论是招生数还是在校生数，我国专业学位研究生的规模均已超过学术性学位研究生，也已研究生队伍的主力军。

### （二）服务化：为经济社会发展培养了大批高层次应用型人才

专业学位研究生教育与学术性学位研究生教育的根本区别在于前者主要面向科技应用与转化、针对社会特定需求、培养高层次应用型专门人才以服务于行业产业的发展。1996—2019 年，我国专业学位研究生授予数及其占比呈显著增长趋势，并且从 2018 年起，专业学位研究生授予数开始超过学术性学位研究生授予数。2019 年，

我国专业学位研究生授予数达 386 521 人，同比增长 5.22%，占研究生总授予数的 51.21%；其中，硕士、博士专业学位研究生分别为 380 982 人、5 539 人。由此可见，专业学位研究生教育作为高层次应用型专门人才的输出口，为经济社会发展供给了一定数量的人力资源支撑。

本节对 2019 年专业学位研究生授予的规模与结构做进一步的分析。从学科门类结构来看，2019 年专业学位研究生授予主要集中在工学（35.79%）、管理学（18.51%）、医学（12.45%）和教育学（11.26%）；从专业类别结构来看，2019 年专业学位研究生授予数排名前五的为工程（35.22%）、工商管理（10.00%）、教育（8.48%）、临床医学（8.31%）和法律（4.50%）。由此可见，专业学位研究生教育具有较强的职业属性，专业类别多集中在应用性较为突出的专业领域中，并且已经为经济社会各个领域的发展培养了相当规模的工程师、管理者、医务人员、教师、律师等应用型人才，较好地弥补了高层次应用型专门人才的需求缺口。

### （三）规范化：形成了较为健全的专业学位质量保障体系

在专业学位研究生教育发展过程中，质量保障体系的逐步完善是其不断规范的标志。我国专业学位研究生教育的规范化发展主要体现在以下四个方面。其一，从管理结构上看，我国研究生教育实行中央政府主导、省级政府统筹、研究生培养单位主管的三级管理体制。中央层面的国务院学位委员会与教育部学位中心对专业学位研究生教育进行政策指导与统筹规划，并组织开展教学指导、质量认证等工作；地方层面的省级主管部门负责发展规划，组织审核学位授予点、开展质量评估等工作；培养单位根据中央、地方的政策要求，探索专业学位研究生培养模式，提升专业人才培养质量。其二，从指导体系上看，当前 40 个专业学位类别共设立了 36 个专业学位"教指委"，其成员多由相关主管部门、行业、企业以及学位授予单位的负责人与专家组成。多年来，"教指委"负责培养方案制定、课程设计、教材与案例库建设、师资培训、联合培养基地建设、标准开发、质量评估、国际交流等各项指导协调工作，在专业学位质量保障过程中扮演着重要角色。其三，从审核机制上看，我国逐步建立了具有中国特色的专业学位授予审核制度。其主要流程为相关单位提出专业学位类别的设置申请，国务院学位委员会办公室进行论证后报给学位委员会审批，批准设置的专业学位统一编入《硕士、博士专业学位授予与人才培养目录》。此外，符合条件的学位授予单位可申请开展自主审核，但审核标准必须高于国家规定的基本条件。其四，从评估体系上来看，2000 年国务院学位委员会办公室下发《关于开展中国高校工商管理硕士（MBA）学位教学合格评估工作的通知》，首次对专业学位研究生教育进行了评估，随后提出获得学位授权满三年的新增专业学位授权点以及获得学位授权满六年的专业学位授权点均须接受合格评估。2020 年 11 月，国务院教育督导委员会办公室出台的《全国专业学位水平评估实施方案》围绕"教、学、做"三个层面构建了"教学、学习、职业发展"的三维评价体系，进一步优化了评估程序以确保评估工作的科学与公正。

### （四）内涵化：积极探索以职业为导向的研究生培养模式

如果说专业学位研究生教育的规模化与服务化表现为人才培养数量与人才供给能力的提升，规范化表现为外部质量保障体系的完善，那么内涵化主要是指专业学位研究生培养模式的综合改革与特色发展。随着我国专业学位研究生培养模式改革的深入推进，其特色化发展主要体现在两个维度。一是"分类"，如专业学位与学术性学位硕士研究生分类考试、分类招生，培养单位分类制定论文标准并分类进行评阅，对研究生导师实行分类评聘等；二是"实践"，如加大实践性课程的比重、加强实践基地建设、强化学位论文应用导向、推进与职业资格的衔接、培养学生实践能力等。在专业学位研究生教育活动中，培养单位对于"分类"和"实践"的探索贯穿于培养模式的各个层面。首先在培养目标与专业定位上，专业学位研究生教育摆脱了传统的以单一学术逻辑开展研究生教育的培养理念，逐渐明确以高层次应用型专门人才为培养目标，与学术性学位研究生教育实现了分类培养；在开设专业学位类别和领域时主要面向职业需求，定位于应用性强的学科门类（如工学、医学），而研究性强、职业性弱的学科门类（如哲学、理学）一般不设置专业学位。其次在课程教学与培养方式上，不同于学术性学位研究生教育，对于专业学位研究生教育，培养单位除了开设基础的专业理论课程外，还会根据自身优势与专业特色自主开设专业实践课与选修课，加大专业实践环节的学时数和学分比例；另外，专业学位研究生教育逐步探索并完善了模拟训练、案例教学等一系列的教学方式，帮助学生实现从陈述性知识到程序性知识的转化，强调培养单位与行业企业开展多种形式的联合办学，通过建立联合培养机制与合作培养平台提升学生的实践能力。最后在师资条件方面，专业学位研究生教育实行的是双导师指导方式，即为学生配备负责理论学习的校内导师和负责实践活动的校外导师，构建了既具备理论教学素质、又有实践教学能力的"双师型"教师队伍，为职业导向的专业学位研究生培养模式的发展提供了坚实的保障。

## 三、我国专业学位研究生教育发展的问题

尽管我国专业学位研究生教育制度日趋成熟，专业学位与学术性学位并重的研究生发展格局基本形成，但面对新时代、新技术、新要求，我国专业学位研究生教育还存在一些问题，主要体现在以下四个方面。

### （一）供给能力尚未满足高层次应用型人才需求

尽管当前专业学位研究生的规模已经全面超越学术性学位研究生，成为研究生教育的主体，但随着自动化时代的到来，经济社会发展对高层次应用型专门人才的需求

会进一步加剧。2017 年，麦肯锡全球研究院（McKinsey Global Institute）以世界上 46 个国家作为研究对象，通过工作任务分析调查了自动化技术对工作岗位的影响，并发布报告《就业的失去与获得：自动化时代的劳动力转型》（Jobs lost，jobs gained：workforce transitions in a time of automation）。该报告指出，未来在中国将会创造出 1 300 万的工作岗位，并且主要在护理类、教育类、行政管理类等相关职业领域呈现不同程度的增长趋势。面对未来巨大的人才缺口，我国专业学位研究生教育供给能力的短缺主要表现在以下三个方面：一是部分专业学位的培养规模明显不足，比如护理、社会工作、建筑学等专业学位人才培养比例均不足 1%，显然无法满足自动化时代对人才的需求；二是已设置的专业学位类别无法满足新职业的要求。随着产业结构的升级以及科学技术的提升，传统职业发生变迁，新兴职业开始出现，但我国当前开设的专业学位尚未充分对接最新的技术领域与岗位要求，显然还不能胜任新兴职业所需的高层次应用型人才的培养任务；三是相较于专业硕士，专业博士的发展十分滞后，主要体现在类别设置单一、学位授权点少、培养规模偏小，无法适应行业对博士层次应用型人才的需求。

### （二）专业学位与职业资格的衔接需进一步深化

当前，专业学位与职业资格的关联以及衔接的必要性已基本得到认可，并且各个领域都在积极探索对接方式与衔接的机制。然而，专业学位与职业资格的衔接仍然存在诸多问题。首先，专业学位与职业资格的种类无法完全进行匹配。在完成职业资格清理工作后，人力资源和社会保障部于 2017 年发布了《关于公布国家职业资格目录的通知》。该文件将职业资格分为技能人员职业资格与专业技术人员职业资格，后者主要对应于专业学位研究生教育层次。文章通过梳理 59 种专业技术人员职业资格与专业学位的对应情况发现：一方面部分专业学位没有对应的职业资格，如农业推广、风景园林、中医、艺术等;另一方面部分职业资格不存在相应的专业学位，如注册消防工程师、注册计量师、专利代理人等。其次，在管理制度上，专业学位与职业资格的衔接也存在一定的问题。专业学位教育与职业资格认证分属不同的管理体系，职业资格证书的考试与颁发主要由相关劳动部门或行业协会组织分管，与专业学位研究生培养的各个环节相互独立，与专业学位教育的学历学位证书体系相互分离。因此，专业学位研究生教育与职业资格证书认证在行政管理方面属于两条平行线，从而导致两者衔接的行政程序不顺畅。最后，专业学位研究生教育的"学术漂移"现象使其人才培养与职业资格认证相脱节，由于专业学位教育沿袭了学术性学位教育模式，培养单位在课程体系设置时过分注重学科知识体系，忽视与职业资格的有效衔接，导致学生在完成学业后仍需花费大量成本考取资格证书才能获得相关行业的任职资格。

### （三）企业参与专业学位研究生教育的动力不足

校企合作培养模式的效能主要表现为培养社会特定专业领域所需的高层次复合型专门人才，因此与职业教育类似，专业学位研究生教育也应将校企合作模式作为主要的人才培养模式。然而，当前我国专业学位研究生教育并未建立起有效的校企合作育人机制，校企双方的合作培养在广度与深度上均有待提高，主要表现为合作途径较单一、合作层次较浅。导致上述问题的主要原因之一就是企业参与专业学位研究生教育的动力不足、意愿不强、积极性不高，无法充分发挥其人才培养的作用，存在"校热企冷"的现象。经济因素是企业参与专业学位研究生教育动力不足的主要原因。一方面，政府财政补助、税收减免返还等政策支持对企业参与专业学位研究生教育具有重要的推动作用，然而有关调查显示，在被问及"贵企业是否在参与全日制专业学位研究生教育过程中得到财政补助与税收减免返还"时，51%的企业选择"完全否定"，29%的企业选择"部分否定"，部分企业负责人甚至完全没有听说过相关的优惠政策；另一方面，在签订校企合作培养协议时，培养单位均要求企业提供技术专家作为导师并为实习学生提供报酬，这会使企业担心核心技术的泄露以及实习人才的流失。高额的人力与风险成本使得企业感到"入不敷出"，从而难以积极有效地参与到专业学位研究生的培养过程中去。

### （四）科研训练无法达到专业学位研究生的预期

科研训练是研究生教育的重要环节。尽管专业学位研究生教育主要面向行业产业需求培养应用型人才，但其高层次的目标定位使得专业人才必须具备一定的应用型科研能力。然而，我国专业学位研究生对科研训练的满意度始终偏低。《2020年我国研究生满意度调查》的数据显示，尽管专业学位研究生对课程教学、指导教师、管理与服务方面的满意度均高于学术性学位研究生，但对科研训练的满意度依旧低于学术性学位研究生。这一方面是由于专业学位研究生教育在我国起步比较晚，其培养模式长期趋同于学术性学位研究生教育，导致科研训练环节也存在同质发展的倾向。但专业学位与学术性学位的学生对科研训练的诉求不同，后者进行科研训练是为了实现科技研发与创新，而前者是为了提升解决行业企业实际问题的实践能力，注重学术化标准的科研训练显然无法获得专业学位研究生的认可；专业学位研究生对科研训练满意度不高的另一方面原因是学位论文形式的单一。单一化的学位论文形式使得专业学位研究生不得不撰写传统的学术性学位论文，无法根据自身的专业特色选择合适的学位论文形式（如调研报告、规划设计、项目管理、艺术作品等），这样会降低专业学位研究生的科研兴趣，也无法提升其应用型科研能力。

# 四、我国专业学位研究生教育发展的改革策略

2020年9月，国务院学位委员会第三十六次会议审议通过了《专业学位研究生教育发展方案（2020—2025）》（以下简称《方案》）。作为最新出台的纲领性文件，《方案》包含四个关键词，即"规模结构""社会需求""产教融合""评价机制"。结合《方案》解读与我国专业学位研究生教育发展过程中存在的问题，文章从以下四个层面提出相应策略，以期促进我国专业学位研究生教育实现内涵式发展，进而提升其服务社会与人才供给的能力。

## （一）扩大规模，优化人才培养结构

为了进一步提升专业学位研究生教育为经济社会发展输送高层次应用型人才的能力，教育主管部门与学位授予单位应当不断扩大专业学位研究生的培养规模，并优化其结构。在规模层面，尽管2019年硕士专业学位研究生招生数占硕士研究生招生总规模近六成，但距离《方案》提出的"三分之二左右"的发展目标仍存在一定差距；博士专业学位研究生招生数占博士研究生招生总规模不足一成，与我国博士层次的应用型人才需求存在着明显差距。因此，我国必须在稳健提升专业硕士数量的基础之上，大幅扩大专业博士的招生规模。一方面，我国专业学位研究生教育必须以产业行业需求为牵引、以社会需求为重点，聚焦关键领域，增设一批硕士、博士专业学位类别及领域；另一方面，学位授予单位在招生时要平衡好学术型和专业型研究生的比例，特别是博士研究生的招生计划应当逐步向专业学位倾斜。

在结构层面上，首先，我国应当优化专业学位目录结构。当前我国专业学位目录的设置沿袭了学术性学位目录的设置原则，但专业学位教育的试点与推进是职业教育层次的延伸，同时也是职业教育体系改革的重要部分。为了突显专业学位的职业属性，我国可以考虑打破原有的学科逻辑，依据国家经济发展与现代产业需求，按照产业逻辑调整与更新专业学位目录。其次，我国应调整已有专业学位的类别结构。当前我国专业学位授予规模排名前五的专业类别（工程、工商管理、教育、临床医学、法律）总占比超过65%，剩下的30多个专业学位占比总和不足35%，结构比例严重失调。因此，我国可以针对社会人才缺口较大的专业领域，如护理、口腔医学、社会工作等，适当扩大规模以满足相关职业领域的人才需求。最后，我国应完善专业学位的类别设置。随着农业现代化、智能制造、现代服务业的发展，部分高端新兴职业开始出现，新兴职业对高层次应用型人才的需求应当由专业学位研究生教育进行供给。比如人工智能工程技术人员被定义为从事与人工智能相关算法、深度学习等多种技术的分析、研究、开发，并对人工智能系统进行设计、优化、运维、管理和应用的工程技术人员，属于典型的创新型、复合型、应用型人才；建筑信息模型技术人员需要利用

计算机软件进行工程实践过程中的模拟建造，以改进工程工序，与现有的建筑学专业学位研究生的工作任务具有明显区别。因此，专业学位研究生教育主管部门与培养单位应当把握社会需求的最新动态，加强工作任务与职业能力分析，进一步拓宽硕士层次专业学位领域，增设博士层次专业学位类别。

### （二）聚焦岗位，对接国家职业资格认证

从经济社会发展的客观需求来看，自动化技术的迅猛发展将导致应用型人才呈现出两种发展趋势：一是社会分工导致应用型人才进一步分化，二是技术发展对应用型人才的要求进一步提升。实现专业学位与职业资格的衔接可以确保专业学位研究生培养与工作岗位要求紧密关联，从而较好地满足经济社会对高层次应用型人才的需求。从专业学位研究生教育发展自身诉求来看，专业学位与职业资格的衔接可以突显自身的职业属性，实现专业学位研究生的职业市场准入，从而保障专业学位人才的培养质量。

实现专业学位与职业资格的衔接具有重要意义。两者为了更好地实现衔接，必须纳入多元主体与多方的力量，形成多措并举的系统架构。一是完善政府、行业等部门管理制度的衔接。首先，政府主管部门要加强规划和领导，设计专业学位研究生教育与职业资格衔接的顶层架构，建立健全相关的政策保障体系。其次，由于专业学位研究生教育与职业资格认证分属不同的管理体系，因此我们要在管理制度层面明确各自职能，比如教育部需完善相关政策法规、提高专业学位的社会认可度，人社部要把握时代发展需求、致力于职业资格证书制度建设。最后，行业主管部门要加快职业标准的制定，确立职业资格的标准，进而形成标准化的行业培训体系。二是发挥高校主体作用，促进校企一体化培养。作为专业学位研究生教育的主体，高校可以在专业培养过程中融入职业资格认证培训，这样既可以充分利用各种教育资源，也能够吸纳行业企业资源力量的参与。通过两种教学培育体系的对接、调和及运转，高校可以实现专业学位研究生教育与职业资格认证的衔接，从而促进高校人才培养与企业人员需求的统一。三是分类选择合适的衔接模式。专业学位研究生教育与职业资格证书的衔接有四种典型模式，即"招生、课程、实践以及学位授予体系的全方位衔接""职业资格作为专业学位研究生报考条件""职业资格考试部分科目免考""以行业认证为基础减免考试或缩短实践时间"，不同专业学位的发展情况各异，因此教育部门和人才培养单位在进行衔接时切忌"一刀切"。全方位衔接的模式适合行业成熟度高、指向性强且自身发展较为完善的专业学位，如临床医学；职业资格作为专业学位研究生报考条件的衔接模式，适用于职业资格对学历水平要求较低的行业，如护理。四是促进专业学位的国际互认。教育主管部门应当建立专业认证的相关制度、确保专业认证的权威性，从而推动专业学位与国际职业资格的衔接，在强化国际接轨的同时推广专业学位的中国标准，提升我国专业学位研究生教育的国际竞争力。

### （三）强化协同，构建产教融合生态系统

协同是产教融合的核心。从微观的"育人"视角看，产教融合是一种人才培养模式，即高校和企业合作培养专业学位研究生，更贴近校企合作的概念。从中观的"办学"视角上来看，产教融合是一种办学模式，即整合产业界与教育界的资源力量共同支撑专业学位研究生教育活动；从宏观的"生态"视角看，产教融合表现为教育生态系统，即整合政府顶层设计、产业资源支撑、高校知识生产、社会资本支持等多方力量，协同完善专业学位研究生教育体系。微观和中观视角是产教融合的基础，但专业学位研究生教育不同于普通职业教育，只有具备宏观视野，才能够突显研究生层次产教融合的广度和深度，因此构建基于协同的产教融合生态系统是未来专业学位研究生教育的主攻方向。

一方面，资源建设是形成产教融合生态系统的基础。在平台建设上，政府可以依托产教融合型城市和企业，大力发展专业学位研究生联合培养基地；面向行业与区域需求建设专业学位产教融合改革试验区，并支持其在经费分担、招生选拔、人才培养、考核评价等方面先行先试；支持国家机关、企事业单位在学位授予单位设立专业学位研究生工作站、校企研发中心等，吸引专业学位研究生参与研发项目；鼓励学位授予单位通过课题攻关、挂职锻炼、实习实践等方式与行业企业建立高水平培养平台。在师资建设上，专业学位的新聘导师必须具备半年以上企业实践经历或主持相关课题和项目研发的经历；专业学位的在岗导师每年必须面向行业企业需求开展调研活动；各培养单位必须积极探索行业企业导师选聘制度，完善专业学位研究生培养的双导师制。另一方面，主体互动是形成产教融合生态系统的保障。产教融合生态系统不仅要求产业界与教育界的衔接，而且对政府以及社会资本提出了要求。行业企业与培养单位应积极探索建立产教融合育人联盟，致力于双师型导师队伍建设、标准制定、资源分享，共同制订培养方案、开设实践课程、编写精品教材。在此基础之上，政府还应统筹规划，构建多元投入机制，吸引各类社会资本加入，以形成政界、产业界、学术界及社会各界力量协同发展的产教融合生态系统，进而深化产教融合培养的模式改革。

### （四）分类评价，提升应用科研训练效果

迈克尔·吉本斯（Michael Gibbons）等在《知识生产的新模式——当代社会科学与研究的动力学》中指出，在知识生产模式Ⅱ中，知识生产基于应用情境，是跨学科的、强调研究结果的绩效和社会作用。作为职业性与学术性高度统一的专业学位，其知识会在更广阔、跨学科的社会和经济情境中被创造出来，知识生产具有社会问责与反思性，知识生产的质量控制由更宽泛的标准来确定。因此，专业学位研究生教育应当进行分类评价，即摆脱学术性学位科研评价的规约，创新专业学位研究生教育的科研评价环节，形成独具实践特色的应用科研评价体系。因为这样不仅可以增强专业学位研究生的科研训练效果，而且有助于提升专业学位研究生教育的整体质量。

因此，专业学位研究生教育应当关注模式Ⅱ的核心特征，立足于应用导向的评价理念完善科研评价体系。首先是构建科研分类评价机制。一方面，我国应采用强化应用导向而非学术导向的专业学位论文评价标准，更新完善专业学位论文的评价理念；另一方面应区分硕士、博士专业学位论文的评价标准，专业硕士的学位论文选题主要面向实际需求，解决行业企业存在的现实问题；专业博士学位论文则必须在技术层面上实现科研的创新应用与转化，以此表明其已具备从事高端技术工作的能力。其次是探索多样化的专业学位论文形式。多样化的论文形式有利于解决学位论文形式单一的问题，引导专业学位学生面向实际开展研究。比如人文社会科学类的专业学位研究生可以采用专题研究、调查研究、案例研究等论文形式；自然科学类的专业学位研究生可以采用调研报告、产品开发、研究设计等论文形式。最后是完善专业学位教师的科研评价的标准。高校必须破除仅以学术论文发表数量对专业学位教师进行评价的做法，尝试将行业企业服务、企业培训、教学案例编写、实践教学等应用导向的科研成果纳入专业学位教师的考核、评聘体系。随着应用科研评价体系的完善，培养单位在对专业学位研究生开展科研训练时也会更加注重其科研应用能力的培养，从而逐步提升应用科研的训练效果。

# 第二节　我国专业学位研究生教育质量标准框架

20世纪90年代前后，经济体制改革和国民经济发展对工科、商科、医科等呼声较高，技术型人才的匮乏使得高层次应用型技术人才专业学位研究生应运而生。21世纪初，随着学术市场的逐步饱和，劳动力市场格局的重新洗牌，职业需求的扩大拓宽了专业学位的类别和广度。当前，各行各业对技术技能人才的需求愈加紧迫，争先参与到应用型人才的培养过程之中，积极投身于联合培养模式之中，使得专业学位研究生在职业实践和职业技能方面愈加符合职业生涯的发展需求。2019年1月，国务院发布的《国家职业教育改革实施方案》提出，"坚持以习近平新时代中国特色社会主义思想为指导，把职业教育摆在教育改革创新和经济社会发展中更加突出的位置"，强调"发展以职业需求为导向、以实践能力培养为重点、以产学研用结合为途径的专业学位研究生培养模式"。由于专业学位研究生教育是围绕职业需求、学习职业技能、投身职业服务开展的，因此在其培养过程中应注重专业设置与产业需求的对接、课程内容与职业标准的对接、教学过程与生产过程的对接。

我国高等教育步入内涵式发展时期，标志着研究生教育发展进入战略转型期，专业学位研究生教育也朝向内涵式发展进行转变。因而，合理构建专业学位研究生教育质量标准框架，使专业学位研究生更好地适应和服务于社会主义现代化建设，为职业岗位选择更为合适的应用型人才具有重要意义。当前，国内学者对专业学位研究生教育质量进行的研究主要集中在两方面：一是对专业学位研究生教育质量保障体系进行构建，二是从专业学位研究生教育评估角度探讨教育质量。但目前仍缺乏一个明确的质量标准来评定专业学位研究生的教育质量。因此，本研究拟从专业学位研究生教育质量的标准出发，汲取层次分析的精髓搭建 TSR 模型，分析不同主体结构下的专业学位研究生教育质量标准，分层构建专业学位研究生教育质量标准框架。

# 一、TSR 模型的建立与专业学位研究生教育质量标准框架的设计思路

## （一）TSR 模型的建立

层次分析法是美国运筹学家萨蒂教授于 20 世纪 70 年代初提出的一种层次权重决策分析方法，最初是运用网络系统理论和多目标综合评价方式，解决美国各个工业部门的贡献力度与电力获取的合理分配问题。该方法在实际应用中得以发展，为多目标、多准则或无结构特性的复杂问题提供简洁的决策方法。专业学位研究生教育质量标准在不同时期、不同背景下，有着多样化的目标、多维度的准则，为了分析不同主体结构下的专业学位研究生教育质量标准。本研究汲取层次分析的精髓，建立 TSR 模型作为衡量专业学位研究生教育质量的基本模型。TSR 是纵向延伸式细分、解构模块的一种模型，T 是指目标层（Target layer），S 是指方案层（Scheme layer），R 是指结果层（Result layer）。此模型具有层次性、系统化的特点，通过层层分解将复杂、烦冗的客体逐渐实现简化，同时又由"点→线→面"渐进，全面反映并突出目标层（Target layer）。

专业学位研究生教育质量标准框架作为一个系统，兼具复杂性和系统性。复杂性是专业学位研究生教育质量的外在的表现，体现在两个方面：一是参与专业学位研究生教育培养主体的多元化，二是利益群体之间的利益竞争关系。系统性是专业学位研究生教育质量的内在逻辑，涉及专业学位研究生培养过程的各个环节，如招生计划、学术管理、实习培训、学位申请和学位授予等多个方面，是一个完整的系统工程。通过专门分析复杂系统的 TSR 模型可以厘清专业学位研究生教育质量标准的指标、层次以及相关建议，进而分析出硕士层次、博士层次专业学位研究生教育的质量标准框架特色。

# 二、专业学位研究生教育质量标准框架的设计思路

在专业学位研究生教育质量框架的设计思路当中，参考研究生教育质量保障体系的构建，考虑应建立以研究生为主体、政府监管为主导、培养机构为核心、社会参与

为助力的四位一体。运用指标和相关基准来支撑、评价专业学位研究生的教育质量，有助于把专业学位研究生教育质量标准落到实处，更加立体、全面地监控专业学位研究生教育的发展情况。质量标准框架的四个层次是循序渐进、相互促进的循环系统关系，以连贯链条式串联在组织结构体系之中。因此，运用系统论把专业学位研究生教育质量标准框架按步骤、分阶段规划，应该包含四个阶段：组织与计划、实施与运行、评估与评价、总结与反馈。

## 二、专业学位研究生教育质量标准框架的相关要点

### （一）高层次应用型人才培养的硕博双维度

截至 2018 年底，我国已经设置专业硕士学位 40 种、专业博士学位 6 种。已初步形成一个较完整、多层次、多学科的专业学位研究生教育体系。本研究中的"双维度"是指专业学位内部质量保障框架和外部质量监管框架。内部质量保障框架是遵循专业学位研究生教育培养规律的学校微观层面的质量保障体系，即学校自主建立的保障并持续提升专业学位研究生教育培养质量的组织、制度和运行程序等。外部质量监管框架是各级研究生教育主管部门、社会及其他利益相关方对研究生教育所提供的保障。前者直接关涉到专业学位研究生教育质量的核心，即人作为质量优劣的载体以及影响其学习质量的直接和决定因素；后者则是学校、研究生院、政府、社会、企业等相关机构提供的公共服务的外部体系，也是对质量高低产生影响的重要组成部分。在高层次应用型人才培养的研究生梯度之中，又将专业学位研究生教育分为硕士层次和博士层次进行讨论，由于不同学位层次的专业学位研究生对职业导向的专业教育有着不同诉求，因此用两分法对其进行划分。

### （二）完善职教结合培养过程的内卷化表现

"内卷化"（Involution）由戈登威泽（Alexander Goldenweiser）提出，成型于格尔茨（Clifford Geertz），是指系统外部扩张到一定限度时，内部不断精细化的过程。当前专业学位研究生教育在本阶段已粗具规模，发展重点开始由外部转向内部，如同行评议、学科评估、专业学位水平评估等环节不断被精细化、优质化，职教融合、工学结合的育人理念不断深入化，把握战略转型期高等教育内涵式发展的深刻意义，力求达到内涵式增长，这是专业学位研究生教育的"内卷化"的表现。具体包括四个方面：紧抓两端、规范中间、书证融通、参与多元。

首先，紧抓两端，严格把控入学标准和毕业生质量标准。从源头把关入学基本要求，严格把控生源质量，从毕业要求中提升毕业质量。按照"科目对应，分值相等，内容区别"的原则设置专业学位研究生招生考试科目，并在其初试分数的基础上，增加实验实践综合测试，选拔真正具有专业学位潜质的研究生。其次，规范中间，实现培养

过程的规范化。改善专业学位研究生教育"双导师"制度，改进职业能力素养和培训对不断变化的专业学位研究生在劳动力市场需求的适应性，同时聘请相关学科、领域专家，实践经验丰富的行业及国内外专家为校外指导教师，切实为专业学位研究生提供专业指导，加快建设服务于专业学位研究生的"双师型"师资队伍，充分发挥校内导师指导为主、校外导师参与实践培训过程、项目实验及研究等环节培养工作为辅的模式。再次，书证融通，推行新型学习成果认定、积累和转换系统。国家不断鼓励并引导学历证书和职业技能等级证书间的互通衔接。培养专业学位研究生的高校，也在积极配合应用型本科高校启动"学历证书 + 若干职业技能等级证书"制度试点工作。最后，多元参与，产业、行业、政府、企业、社会组织等多元主体在专业学位研究生培养中不断深度介入，积极参与职业技能实训基地的建设，推行校企全面深度合作。为深化专业学位研究生的内涵式发展，实现专业学位与职业岗位的深度对接，要在培养观念上进行更新，倡导职业导向、服务为先、协调发展等培养理念和发展路径。

### （三）健全教育质量标准框架的多指标环节

对专业学位研究生教育质量框架组织架构的四个阶段进行完善，根据不同阶段的特点及需求选取关键性指标为基础，拟选出 14 项核心指标，修正专业学位研究生教育质量标准框架组织结构。核心指标包括：生源质量；导师队伍及资格评定；制定相关考核目标；职业技能实训基地及配套设施投入；制定培养标准及方案；过程培养（理论课程、实践技能课程、实验课程、职业生涯规划课程）；管理工作；思想政治与职业道德教育；学位论文与毕业答辩；实习考察；就业分析；社会评价；用人单位反馈；总结与反思。参照 14 项核心指标构建出教育质量标准框架的多指标环节，健全了组织与计划、实施与运行、评估与评价、总结与反馈四个阶段中每一阶段的衡量指标。

## 三、硕士层次专业学位研究生教育质量标准框架构建

硕士层次专业学位研究生教育的培养在课程学习和科学研究工作的基础之上，着重提升专业学位硕士生的知识更新能力、学术创新能力以及就业竞争能力，以职业导向为重点和目标，实现由导师"被动教"向学生"主动学"为中心的转变，从传统"传授模式"向新型"自学模式"转变，进而提高硕士层次专业学位研究生教育的学习质量。以职业能力为导向的专业学位硕士研究生培养决定了其教育内容既要突出职业知识的传授和职业技能的培训，又要体现基础理论知识和专业技能知识的融合。因此，硕士层次专业学位研究生教育质量框架更要突出职业导向、专业特色，努力提高研究生的就业竞争力，满足现代社会对实际专业的职业需求。针对硕士层次专业学位研究生对就业、职业技能的需求特点，制定硕士层次专业学位研究生教育质量框架，包含内部质量保障和外部质量监管两部分。

### （一）内部质量保障框架构建

1.专业学位类别的设置与调整

依据国情及社会需要，及时更新专业学位类别的设置，并对教学标准和教学内容进行及时调整，将新技术、新工艺、新规范纳入其中。在专业学位类别的设置与调整中应当明确专业学位设置，应具有明确的职业属性或行业背景、具有相对独立、完整、系统的专业知识体系；对应的职业或行业已形成相对独立的专业技术标准或职业能力标准，以及相对成熟且社会广泛认可的职业资格认证体系。

2.专业学位的导师队伍建设

严格筛选并组建"双师型"教师队伍，规范选聘具有指导专业学位硕士研究生资格的导师。聘任原则上要求应聘导师具有3年以上企业工作经历并具有高职以上学历；创建"双师型"教师培养培训基地，确保导师每年有机会参与基地实训，鼓励、支持专业性导师到相关行业、企业单位兼职锻炼，同时引导企业高级职工、高技能人才参与到专业学位研究生的指导中，鼓励校企人才的双向流动。

3.专业学位的内部管理制度

不同类型的专业学位研究生的课程结构不尽相同、各有各的特色。课程设计模式以专业课为基础，为服务职业岗位开展实践训练；教学评估及评价采用"分开进行、分头实施"的原则；专业学位研究生的培养要坚持内涵式职教结合的理念，将职教融合观念内化于心、深入课堂；毕业论文（毕业设计）选题要以应用实践性内容为导向，鼓励通过采取调研报告、规划设计、产品开发等多种形式呈现。

### （二）外部质量监管框架构建

外部质量监管属于专业学位研究生教育质量框架设计的另一分支，是一种均衡研究生培养单位、政府、市场等多方需求的有效表达形式。外部质量监管来自政府和社会行业组织机构的评价保证实施，是从社会视角判断教育成功与否的一种软性标准，但由于专业学位研究生教育独特的"职业性"特点，因而外部质量监管的软性标准往往成为研究生毕业能否实现较满意就业的决定性标准。具体来说，外部质量监管的主体包括专业学位教育指导委员会把控和社会监管两部分。

1.发挥专业学位教育指导委员会的把控作用

依据国情及社会需求、同时借鉴国际经验，在专业学位类别的设置和管理过程中，国务院学位委员会、教育部为决策机构，负责制定、统筹规划专业学位类别的设置与管理办法；定期发布专业学位类别目录等。作为专业学位教育的专业性中介组织，专业学位教指委在其中发挥着重要的桥梁纽带作用，促进了高校与政府、行业、企事业单位之间的联系，推动着专业学位教育人才培养工作中高校与社会的对接。

2. 社会监管

社会监管在我国专业学位研究生教育质量评价中发挥强有力的支撑作用。其中包括专业认证机构或者非官方社会组织所进行的鉴定或资格认可，新闻媒体介入质量评价与排名，民间学术组织等多种形式，见图4。一方面，要提升专业认证机构认证标准，改变某些职业资格证书含金量低、水分大等现象；另一方面，要发挥新闻媒体传播信息速度之快的特点，使其成为目前监控专业学位研究生教育质量的有效手段。

# 四、博士层次专业学位研究生教育质量标准框架构建

相比于硕士专业学位研究生，博士层次专业学位研究生是国家创新驱动发展战略中的主力军，其学术期间的科研成果乃至职业生涯的突出贡献都为国家创新驱动注入了新鲜的血液。"中国特色，世界一流"的建设目标依靠创新人才的培养，而博士层次专业学位研究生的应用创新能力为打造"双一流"提供了人才保证。我国现阶段博士专业学位包含工程、临床医学、教育等6种类型，从6种博士专业设置类别来看，更加注重专业学位博士生的创新应用性，解决现实生活中尚未解决的实际问题。针对博士层次专业学位研究生的不同特点，制定其教育质量标准框架，同样包含内部质量保障和外部质量监管两部分。

## （一）内部质量保障框架构建

### 1. 革新专业学位的选拔机制

严格的入学选拔标准是专业学位博士生教育质量的基本保障。选拔标准一般有：具备硕士学位，拥有相关专业的研究成果；具有相关行业的实习或工作经验，洞察未知领域的敏感度；有实习或原工作单位的评价及推荐。不难看出，指标没有固定标准，在突出对其相关学科的实验实践能力衡量考核中，着重对专业知识进行理性评价，各招生单位可以按照自己的评价标准选拔专业学位博士研究生。因此"申请-审核"制的选拔方式适合专业学位博士生教育的招生工作。

### 2. 提升专业学位的校企合作水准

专业学位博士研究生的兴趣反映出知识生产模式II对应用型高层次人才的需求，知识与职业化发展的高度契合，决定着博士在实际岗位工作中的带头作用。专业学位博士导师在功能上更多地发挥协助性作用，博士与导师之间的关系在某种程度更应是合作伙伴关系。校企合作是当前专业学位研究生中主流的培养方式，致力于协助研究生真正参与到行业（企业）的实际运作，或者参加到国家科技重大专项的研究之中，提高学术理论水平的同时有效提升其实践应用能力和职业技能水平。

### 3. 构建专业学位服务型管理系统

高校内部的管理部门及各类机构监管着学生的在校行为。由于博士研究生在思想

和行为上均已十分成熟，明确自己的研究方向及任务目标，因此这些职能部门在监管方面发挥的作用远小于服务功能。在服务博士生上更多地表现为不同的阶段提醒博士研究生完成不同的任务，注重保护专业学位博士研究生的科研产品、调研报告等学术成果，提高职能部门的服务质量和服务水平，注重一体化服务能力的提升等。为突出专业博士学位研究生在整个高等教育体系的特殊作用，成立专业学位博士教学指导委员会以确保专业学位博士生的整个培养流程，并通过与学术型博士生相同的学位授予流程，作为高校对其培养成果的肯定。

## （二）外部质量监管框架构建

专业学位博士教育在与职业、技术、技能等相关领域中，表现出更为紧密的关联，较硕士生而言，更具备从事某一行业或职业的综合能力。这就决定了专业学位博士研究生教育并不是各培养单位一方的事情，需要社会充分参与，协同各方利益，加强以职业能力导向为主的多元质量保障体系构建。外部质量监管的主体可以分为政府、社会参与、第三方监管。

1. 政府的支持

政府对博士生教育在资金投入和支持力度上制定的相关政策，是促进博士生培养规模扩张和培养质量提升的有效支撑。但我国专业型学位的发展历程比较短，专业学位研究生的市场认可度较学术型研究生略低，因此需要政府来把控对专业学位博士生资金投入的风险，以审慎的态度鼓励高校奖助、私人奖助对全日制专业学位博士生的各项补贴，使专业学位博士生与学术型博士生在资助项目获取上具有同等地位，实现培养主体多元化、实践环节多样化、资助对象全面化。

2. 社会的参与

"政府 - 大学 - 产业"的三螺旋主体影响教育教学活动，"政产学研用"紧密结合的育人方式，在一定程度上也监督着博士人才培养的过程。为适应当前市场的需求，"政产学研用"合作式教育应运而生。企业等用人单位深入参与到专业学位研究生的培养过程，特别是博士研究生的教学实践环节、岗位实习环节、质量标准评估和专业认证环节等阶段，增强人才培养与社会需求的适切性。校企合作的重大课题成果、学术组织机构公布的研究生教育质量排名、学术界各种评价信息以及诸多社会舆论等等，均直接或间接地影响着博士研究生的培养方向，并更大程度地约束和监督专业学位博士研究生培养单位的办学行为。

3. 第三方的监管

目前，我国已经形成了中央集权的高等教育管理体系，博士层次专业学位研究生教育也在此体系之内，同时已经成立了专门的专业学位研究生教育办公室，省级教育主管部门也相应建立了对应的管理机构，形成相互配合、协同发展的管理系统。但是，我国对专业学位博士生的质量评价仅通过用人单位、博士毕业论文等形式展开，在评判标准和评估形式上较为单一。因此，应当加强对具体某一专业学位博士的质量评估，及对各培养单位不同领域专业学位博士研究生的教育质量进行评估，以形成一个客观、独立、具有参考价值的评估体系。

本研究在 TSR 模型理论的基础上，分析了专业学位研究生教育质量标准框架的硕博双维度、内卷化表现、多指标环节以及内外质量保障（监管）框架的相关主体，概括了相应标准框架质量体系的有机统一，诠释了框架中涵盖要素的关联与关系。研究表明：不同层次专业学位研究生教育质量标准框架的构建应呈现不同的特色，硕士层次要突显职业导向、专业特色及就业竞争力，博士层次要突出应用创新能力及科技成果转化。以此建构的专业学位研究生教育质量标准才能够有针对性地服务不同层次的研究生，并发挥其保障（监管）作用。

本节仅就两个层次对研究专业学位研究生教育质量标准框架展开说明，此外，如不同学科、不同领域的特殊性和差异性，在专业学位研究生教育质量标准框架的设计中如何实现兼容等诸多实际问题，都值得进一步深入探究。

# 第三节　我国专业学位研究生教育政策

我国自 20 世纪 90 年代初起实行专业学位制度，经过 30 年的建设和发展，目前已拥有 47 种硕士专业学位和 13 种博士专业学位，涵盖了我国社会经济发展的重要行业领域。专业学位研究生教育政策发展从无到有、从粗放到精细。新时期我国专业学位研究生教育政策的发展面临着新的机遇和挑战，需要处理好学位的学术独立与专业社会需求之间的平衡问题；统筹全局发展和地区特色、校际特色、专业特色的关系；协调当下发展和长远发展的关系等等。

## 一、专业学位研究生教育政策发展面临的挑战

### （一）专业学位研究生教育发展的定位调整

研究生层次的学位教育在国家发展过程中标志着高层次人才的品质保证，这是由研究生教育的学术传统决定的。"研究"是研究生教育的主要特征，任何类型的研究生教育都应该具有研究性。这是研究生教育处于高等教育的最高层次，区别于普通本科教育与职业教育的关键所在，专业学位也不例外。

对人的思维训练以及专业理论素养的深入培养在传统研究生教育中一直占据主流，专业学位的设置是为了更好地满足国家与社会的现实发展，是在既有的学术学位基础

上拓展的一种侧重实用的培养模式，这一培养模式不能简单理解为对所有的学科进行二分。学术型学位更多注重培养学术旨趣的理论型人才，这是传统学位教育的质量保障。但是，学术型学位也可以实践问题为导向，以基本理论和学术方法探索解决问题。同样，专业学位研究生教育也可以分化出两支。侧重应用是专业学位从制度设计上对国家、社会需求满足方向的调整和引导，这种引导本身需要结合行业企业的实践需求，激发专业学位研究生科研旨趣并以此制订科学的研究方案。

由此可知，专业学位研究生教育政策并不是单向度的发展，而是基于发展的目标对研究生教育的整体调整。无论是学术学位还是专业学位，都需要严守学科本位底线，避免在发展的过程中出现舍本逐末的情况。

### （二）政策发展历程需要加强结构性反思

政策的制定和发展具有时效性特点，因此需要结合实际发展及时做出结构调整。教育发展如何从根本上实现人的整体素质提升，决定了国家和社会发展的根本宗旨和目标。政策制定主体不仅要看到既往政策在发展中的成败，更多的是要根据终极目标调整具体目标中的定位，合理设定自身权限范围。

从当前社会的主要矛盾可以看出，国家对高层次人才的需求与国家整体发展的命运紧密相连。在计划经济时代，研究生由国家统招统分，人才培养成本由国家承担。随着研究生扩招，人才培养成本来源也逐渐多元化，个人、企业、国家根据各自立场的需求调整，市场介入的利益主导一定程度上也对研究生教育提出更高的要求。

从国家层面来说，学位与研究生教育的管理除了满足当前需要，还要坚守、扶持一些符合长远发展的基础学科专业。侧重应用的学科专业虽然通过市场介入以及个体发展多样性可以分担部分国家资源的投入，但是在政策规划上仍然需要价值引导和顶层设计的合理配置。扩招降低了受教育的资格门槛，但是不能降低研究生培养质量。研究生的发展从根本上应满足时代发展需求，但也不能过分强调社会需求的满足，要保持一定的学术发展独立性，不能危害基础研究的根本。专业学位发展政策如何制定？吸纳社会资源作为补充是一个重要的挑战。社会资源和需要转化为专业学位研究生教育资源和发展动力，本身是一个政策创新和设计的结果，并不简单等同于创办实践基地等外延式发展需求。从长远上来看，内涵式发展对专业学位研究生教育提出了更高的学术要求，需要出台政策加以保障。否则一味满足外部需求，会造成专业学位研究生教育的体用分离，违背人才培养的根本目的。

反思政策发展历程，政策制定主体需要根据当前的专业学位研究生教育定位，合理将内涵发展部分交由专业本身，以特殊性的专业生存发展为起点，合理监管、引导，在减轻政策负担的同时，优化结构、体现效率。

### （三）现代大学发展模式滞后于时代发展

传统学术学位的稳定性基础在于大学精神和学术的独立性，这是全球大学发展面临的挑战，我国的情况也不例外。如何通过社会主义国家制度的优越性保障大学精神和学术的独立发展，是体现社会主义国家不同于资本主义国家的重要分野。以人为本的高校学术自治是专业学位研究生教育政策制定配合推进的方向，符合专业学位发展的原则。

党的十八大以来，研究生教育综合改革全面铺开，内涵发展成效显著。2017年专业学位硕士招生占比已达56.9%，专业学位培养模式得到广泛认可，基本实现了专业学位与学术学位"地位平等、标准统一"的目标。外在的政策提供了个人、社会发展的需要，但是唯独缺失了对大学人文精神和学术理性精神的要求。如果说，资本主义国家的教育发展遇到的这一危机受到资本主义经济、政治发展的局限性限制。那么，我们完全有理由通过社会主义制度的优越性保障大学人文精神和学术理性精神的发展，确保大学发挥核心的教育功能。研究生教育处于国民教育顶端，是支撑、推动和引领国家现代化发展的重要基础和引擎。现代大学的核心特征是科教融合。从发达国家经验看，研究生教育越发达、科教融合越紧密，科研育人机制越完善、服务经济社会发展的机制越完善。20世纪斯坦福大学和硅谷的崛起，标志着现代大学发展的一个新阶段。但是同时我们也看到，因为强调人才培养在实用领域的产出和贡献，欧美和日本的诸多大学开始削减人文学科的投入，这种倾向与资本主义经济发展的决定作用是分不开的，也是人的异化在教育领域的一种投射。

在教育领域的终极关怀上强化基础人文教育，是我们面临的全新课题，也是社会主义国家办大学不能缺失的长远任务。科教融合、服务经济社会发展等任务与大学自身的发展需要平衡推进，不能以功利性的发展取代大学的人文精神和理性精神。体现在办学理念上，就是保障大学不会完全沦为资本运作的工具。高等教育不只是为社会加工人力资源，还是以人为本是社会主义本质的集中体现，促进人的全面发展永远是高等教育终极的人文关怀。

## 二、专业学位研究生教育政策的调整思路

### （一）优化顶层设计

自学位制度建立以来，随着改革开放的不断深化以及社会政治、经济、文化和教育的协调发展，我国研究生教育得到快速发展，成为仅次于美国的研究生教育大国，但在研究生教育的内涵发展上还要不断深化。学位与研究生教育"十三五"规划中明确提出在"满足需求、提高质量"前提下，专业学位要贯彻"积极稳健发展"的思路。高校人才培养能力必须与招生规模的增加相适切。日本专业学位发展的经历要引以为

鉴。日本专业学位初期规模的盲目扩张、招生结构不合理，同时过度强调专业学位与职业资格对接，造成近年专业学位发展出现了停滞的现象。欧美等国专业学位也是经过较长一段时间的有序发展才取得了今天的地位。专业学位如何做到规模、结构、质量、效益协调可持续发展是必须面对的现实问题。

专业学位研究生教育政策的调整不能孤立地依赖于满足经济、社会发展的需要或者完成政治任务。国家的发展是全方位的，政策的调整需要强化多部门配合，在整体协调的情况下，有机整合各项资源，在具体政策上要有进退。在保障研究生教育培养质量方面的宏观政策上需要强化并出台指导性细则，但是在具体的专业发展、培养模式、教学管理等方面，应推动大学以人文精神、理性精神为中心，构建校级特色、专业特色。通过跨部门协调，共同培育体制外人才孵化基地，减轻政府管理负担，满足多元化的需求。

优化政策的顶层设计，要不断减少因制度本身不合理导致的力量牵制、资源内耗，进而影响政策的时效性。要进一步理顺大学教育和管理之间的关系，充分重视专业学位研究生教育一线提出的政策诉求，从各专业特殊性总结相近学科的管理规律，避免不必要的行政干扰，并在此基础上推动提升政策服务和监管功能的政策制定和调整。

## （二）细化分类管理

专业学位从试办初期种类少、规模小，发展到今天涉及众多的社会职业领域、招生规模占据半壁江山的情况，分类管理是专业学位研究生教育政策发展的必然，也是提高相关政策执行效果的有效路径。

首先，从专业学位研究生教育政策发展的现状看，分类管理还有进一步深化的必要。细化分类管理不是简单的管理权限下放，更多的是符合专业发展规律，重新调整管理细节，以确保整体上的完善和执行上的高效。

其次，综合类院校的专业学位研究生教育在内涵和外延两个方面发展的过程中，通过不断优化自身的分类管理来提高人才培养的行业特色。行业、专业内的领域规范制定是宏观政策，院校的内部调整也要注重校内分类管理的合理性，特别是在实际发展过程中，要根据校际特点规划合理的发展方向、将企业横向资源整合到内涵发展的道路上，以确保可持续健康的发展。

最后，分类的直接目的是提高政策执行的效率。根据专业学位研究生人才培养的实际情况，分类管理在一定程度上提高了其人才培养相关政策制定的合理性，从根源上减少了政策制定和执行的矛盾。分类管理强调执行的明确性，必然要求政策执行主体提高效率、精简不必要的环节、减少因为多头管理带来的行政干扰。此外，管理细化之后，对已有政策的解读也具有了针对性，在执行上可以根据实际情况协调落实、提质增效。

### （三）引导社会参与

从专业学位研究生早期招生对象以企事业单位在职人员为主的政策规定来看，较好地体现了这些单位在发展过程中对高层次应用型专门人才的现实需求，其政策制定之初考虑到了用人方对专业硕士培养规格实际的需求。因此，从专业硕士研究生培养来看，其培养过程需要校外企业、企业导师与校内专业导师们的共同参与，企业导师身后体现的是行业、企业等社会各方的共同参与。而从人才市场的需求来看，缺少了市场引导和企业导师参与的专业学位研究生教育永远会存在市场滞后性的问题。这个问题的解决以及资源的合理规划，最好的办法是"市场化"，以实际变动的需求为导向配置教学资源，而"市场化"最重要的方式是减少政府的人为干预，引导更多的行业、产业和企业方参与专业学位研究生教育政策的调整与制定。

但是，毫无疑问，引导社会参与同样需要回归到人本身。我国高校管理制度在这个方面的政策监管可以防止社会参与过程中的异化，确保根本目标的实现。这方面的政策调整是以解决问题为目标、强化监管性政策的制定，监督社会资源的介入、使用，确保研究生教育的公益性和公正性和研究生学位授予的质量。

## 三、专业学位研究生教育政策的未来走向

政策的走向是解决和处理当前治理过程中出现的问题或应对可能产生的问题而采取的态度和方法。专业学位研究生教育政策未来改革与发展必须坚持马克思主义人学理念，在国家社会经济及教育文化充分发展前提下，始终关照与政策紧密联系的利益相关者各方的利益诉求，既培养经济社会所需的高层次应用型人才，又推动人的全面发展最终目标的实现。

### （一）以人为本的政策导向

在制定教育政策时，要兼顾国家、集体、个人三者的利益，兼顾长远利益和眼前利益、全局利益和局部利益。我们要从大局出发，在保证国家经济发展的同时，尽可能满足人民各方面的需要。以人为本的价值观本身面临技能和德行方面的培养与人的终极价值实现之间的矛盾如何解决的问题。从国家和社会发展的层面来看，个体的发展及对社会的贡献体现个体的价值。但是，研究生教育不是简单地培养人的专业能力，更多的还有基于人文素养的问题意识，在关键处要能够体现人的价值，避免人的异化、制度的异化。以人为本的政策导向决定了未来的专业学位研究生教育不再是专业教育的替换升级，更多的是人文底蕴与专业素养的平衡、基于国情的历史和现实，塑造合理的价值序列。

以人为本，就是要充分地调动学生的积极性和主动性，不能依赖政策和体制生产人才。在此意义上，转变政策的直接诉求，将根本诉求通过人本调整，将政策转化为

服务型、辅助型的外部条件。对政策效果的评估不应当以就业等量化数据指标一刀切，而是需要从长远发展的角度，以毕业生就业后五年或十年的发展质量来评估学校人才培养质量，考察人才培养在个体、社会、国家层面的质的改善。以人为本的政策导向是对高等教育本质的回归，是社会主义制度在高等教育领域优越性的最终体现。

### （二）政策制定主体的多元化

高校人才培养机制的瓶颈在于管理制度，培育大学自治是主要的方向。坚持党的领导和大学自治并不矛盾，但是需要在制度建设上有所创新。教育部发布的《国家中长期教育改革和发展规划纲要（2010—2020年）》中指出："建设依法办学、自主管理、民主监督、社会参与的现代学校制度，构建政府、学校、社会之间新型关系。"加强宏观数据分析运用，从国家、社会需要角度以政策杠杆合理调控，避免一刀切，通过经费来源的调整，减轻国家的负担，优化高校与社会资源的对接，国家政策制定从直接管理调整为监管或者间接管理，确保监督教育作为公共事业的基本底线。

高校自主管理在专业学位研究生教育培养方面能够动态把握教育一线的情况，可以有针对性调整。合理结合社会资源，让职业、行业协会参与介入专业学位研究生教育，才能够真正的从实际出发、灵活了解需求，提高政策执行的有效性，与时代同步发展。

作为教育规律的实践者，高校具有直接制定政策的优先性。但是国家层面的监管以及全国高校管理的规范性也必然要求国家相关部门不能缺席，同时也应该考虑社会以及个体的需求引导。以上所述的政策制定相关主体如何在性质上界定清楚，在价值序列上理顺人本主义发展的优先性是我们进行多元管理、保证内在协调性的前提。

### （三）评价机制的多元化

目前国家层面的专业学位评价方式主要有专项评估、合格评估、水平评估几类。专项评估和合格评估属于合格性评估，主要考察专业学位整体办学条件，更多的是强调办学资质。水平评估主要是看该专业在全国所处的位次和办学水平，属于优秀评估。在已经实施的评估过程中可以发现，评估初衷没有完全达到，有的甚至为社会所诟病。考察导师的学术能力偏多，对于导师实践能力没有重视。

专业学位研究生教育政策在评价机制方面应当根据学科领域细化管理。根据专业特点建立有效的政策评价机制，避免单一化、简单化管理，对专业学位研究生教育政策执行效果的监测和评估要充分结合多方面综合效益。从经济、文化、社会等方面进行多元评价。在具体的评价因素上，如课程，既要考察课程体系有无学术化倾向、与社会经济文化的融合度，又要考察课程的教学内容以及方式，考察案例教学、现场教学的比例。实践环节要考察实践方案制订、日志等完整记录实践过程的资料，还要重点考察对行业企业的贡献度，杜绝实践走过场。学位论文更要强调来自一线行业企业应用性课题研究，等等。在论文的呈现方式上，不能拘泥于传统学术学位论文呈现方式，体现各专业学位领域应用特点的如调研报告、方案设计等也应该得到认可，这在国家相关的文件中早已提及，但一直未得到很好的执行。其主要原因在于国家层面没有出台一个明确的针对各专业领域的学位论文规范。为了稳妥起见，确保学位论文在各级抽检中不出现问题，一些高校在专业学位授予条件中提出了既要学位论文，又要专业实践创作成果双重要求，考察学位获得所具备的综合能力的应用度。针对一些特殊的专业和行业，在现有的行业协会和专业学位研究生教育指导委员会等组织基础上，加强认证资格的培训和认证，弥补专业学位研究生教育校内教学环节的不足。例如 MBA、工程、法律等专业已经在积极推进本领域认证，第三方的质量评价与政府的"双一流"建设相互呼应。多元评价和认证较之高校专业学位培养更加具有灵活性和补充性，是顺应专业学位研究生教育政策发展初衷的重要调整走向。毕竟，社会市场对人才特殊职业能力的需求瞬息万变，学位培养的综合性、稳定性只能作为人才的基本素养和能力，后续的技术性能力的开发和不断学习，不可能一次性地在学位研究生教育过程中获得。

评价机制的多元除了合理考评政策的执行，更大的意义在于不断细分需求和抓住主要矛盾，以核心问题界定的方式不断反思专业学位研究生教育的本质，在将来的政策制定中明确规范好主体、宗旨、内容，并完善相应的机制。

# 第四节　产教融合背景下我国专业学位研究生教育

## 一、我国专业学位研究生教育发展历程

随着我国综合国力的迅速增强，高等教育得到了快速发展，尤其是研究生教育规模呈现出从单一类型的数量扩张逐步走向多样化内涵发展的局面。1949 年我国研究生在校人数仅为 629 人，1978 年为 10708 人，2020 年达到 313.96 万人，成为近十年来增幅最大的一年，创下改革开放 40 年以来的最高纪录。目前我国设置专业学位类别 47 个，其中硕士专业学位达到 40 个，硕士专业学位授权点 5996 个，博士专业学位授权点 278 个。从培养规模上看，2021 年我国研究生报考人数达到 377 万，招生人数 120 万人，再创历史新高，尤其是报考专业学位研究生的规模占比明显上升，已超过研究生招生总量的一半。

目前，我国研究生规模位居世界前列。为培养既具有扎实理论基础、又能适应特定行业需要的应用型高层次专业人才，我国调整研究生教育的学科类型和布局结构，大力发展专业学位研究生教育，以适应产业结构调整和发展战略性新兴产业的要求。

1991年我国开展专业学位硕士的招生试点工作，2009年全日制专业学位硕士正式面向应届生招生。近些年来，在报名和招生人数持续上涨的同时，研究生培养类型也在悄然变化。2010年国务院学位委员会以会议审议的方式通过了《硕士、博士专业学位研究生教育发展总体方案》，这份方案明确提出，要大力发展专业学位教育。2017年专业型研究生规模首次超过学术型研究生，成为研究生教育主体，这也反映了社会对应用型高层次人才的迫切需求。国务院学位委员会、教育部《关于印发〈专业学位研究生教育发展方案（2020—2025）〉的通知》明确指出，要着力优化硕士专业学位研究生教育结构，到2025年硕士专业学位研究生招生规模将扩大到硕士研究生招生总规模的三分之二左右，并大幅增加博士专业学位研究生招生数量。

## 二、当前专业学位研究生教育主要短板

### （一）产教融合人才培养体系还不够完善

应用性是专业学位研究生教育的本质属性。正如约翰·S.布鲁贝克在《高等教育哲学》中所言，"职业与专业之间存在特殊的联系，任何专业本质上都从属于某种技艺性的工作，只有在实践环境里——在实际工作中——学习技艺能够学得最好。如医学是在病床边进行实践的，法律是在法院中进行实践的。经验性的知识就应从实践中得来。"因而，应注重专业学位研究生培养的职业导向性，将技艺教育作为导向，将应用性特色贯穿于人才培养的全过程。从实际情况来看，应用性的培养过程和目标导向还需进一步加强；从"产"的角度来看，客观评价专业学位研究生的体系还需进一步构建；从"教"的角度来看，实践教学的开展与产业结合的紧密程度有待进一步提升；从产教融合体系的角度来看，产—学—研协调体系还有待进一步完善，培养结果的评价机制还需要进一步健全，产教有效融合的耦合性还要进一步加强。如何坚定不移地将应用性贯穿于专业学位研究生培养的全过程，加强案例教学、实践教学和项目化教学，提升专业学位研究生解决实际问题的能力，是摆在我们面前亟待解决的问题。

### （二）专业学位研究生教育存在认识偏差

从本质上说，专业学位研究生的培养是应对高层次应用型人才短缺的迫切需要，是高层次应用型人才培养的不断创新，对促进产业结构转型升级有重要意义。"当社会上高等教育并不发达，高等教育制度目标没有明显分化时，较高层次的教育就必然要承担目标体系中较多的子目标。然而当高等教育发展到了一定的程度的时候，社会对高层次专门人才的需求也逐渐多样，这时研究生人才培养目标就应进行相应的分化。"但长期以来，社会、高校以及考生对专业学位研究生教育认识存在一定的偏差。如从报考意愿看，存在部分考生认为学术型研究生录取难度更大从而选择专业学位研究生的倾向；从培养导向上看，教育与生产劳动相结合是现代教育的基本特征，也是发展

社会主义教育的核心价值所在，培养动手能力强的应用型人才是应有之义；从人才培养的角度来说，围绕国家战略和区域经济社会发展需要，适应新时代要求和高质量发展的学科专业体系还需进一步完善；从社会认可度上来看，由于报考条件、培养目标、培养方案和培养侧重点的不同，很多人误认为专业学位研究生的含金量没有学术型研究生高，甚至在就业过程中存在对专业学位研究生的偏见。

### （三）人才培养与社会经济发展匹配不够

我国现阶段高校人才培养与社会发展存在一定程度的不适应，导致了专业学位研究生的招生、培养与产出存在结构性失衡。从目前国内研究生培养情况来看，学术型研究生和专业学位研究生在招生、培养与产出三方面有较大差别。从招生的角度来看，以专业博士学位招生为例，专业博士学位倾向于招收具有丰富工作经验的人，这样具有培养基础。但是对于有一定工作经验和社会地位的人来说，报考专业学位研究生的意愿不如应届毕业生那么强烈。从培养的角度来看，要毫不动摇地坚持应用型人才培养的目标和定位，这一点也存在社会认识不清晰和高校培养落实不到位的情况。从产出的角度来看，坚持人才供给侧结构性改革，使培养的人才符合行业需求和社会需要，全面引导产业需求全方位融入人才供给，用高端应用型人力资本推动经济供给侧结构性改革。

### （四）专业学位人才培养质量还有待提高

目前，我国已经形成了比较规范的专业学位研究生培养模式，构建了一套完整的专业学位研究生培养质量保障体系，然而专业学位作为一种"资历尚浅"的教育形式，培养方案和执行还有需要改进的地方。如培养标准上，用统一的培养标准来覆盖所有专业学位，难以满足不同专业方向和行业发展的需求和不同职业提升的需要，在一定程度上偏离了职业型培养定位。从招生方面来看，紧密对接市场需求、充分考虑人才定位，解决要招谁、谁来招、怎样招的问题，需要进行全面考虑。从培养方案来看，在一定程度上存在培养目标不够清晰的问题，点对点、点对面的衔接不够紧密；课程设置出现了一定范围的同质化，一方面与学术型研究生没有较好区分，培养过程中，减少了必要的学术训练，专业学位教育成为"降格"的学术学位教育；另一方面实习实训的效果还要加强，教育部、人力资源部《关于深入推进专业学位研究生培养模式改革的意见》明确提出，以职业需求为导向，以实践能力培养为重点，以产学结合为途径，建立与经济社会发展相适应、具有中国特色的专业学位研究生培养模式。但从实际情况来看，高校组织实习实训存在着一定的难度，专业实践时长不足，大部分学生都是在入学前的单位实习或者自己联系相关单位进行零散实习，实习情况不理想，学校安排的实习实训的比例和效果有待提高。

# 三、我国专业学位研究生教育未来路径

## （一）以服务国家需求为己任，完善立德树人机制

研究生教育肩负着高层次人才培养的重要使命，而满足经济社会发展的具体需要是专业学位设立和发展的直接动因，也是决定专业学位定位、内容和生命力的重要因素。对于专业学位研究生的培养，不能够重能力轻思想，应该引导他们瞄准科技前沿和关键领域，围绕服务国家重大战略和经济主战场，练就过硬本领，具备解决"卡脖子"问题的技术能力；坚持以专业实践为导向，以提升专业学位研究生培养质量为核心，重视职业实践和应用能力的培养，做到既能动脑更擅长动手。从研究生培养单位来看，坚持需求导向、创新引领，坚持育人为本、质量为要，坚持提高质量、追求卓越，聚焦一流应用型专业人才培养目标，坚持"立德学业并重、多元交叉协调、科教产教融合、创新开放共举"的工作思路，构建起政产学研深度融合的应用型人才培养体系，培养一批"产业契合深、创新素养高、实践基础好、动手能力强"的应用型人才。

## （二）以全面深化改革为抓手，创新人才培养模式

加大专业学位研究生培养力度，需要全面深化专业学位研究生培养模式改革，将应用性理念贯穿始终，不断推进研究生教育供给侧改革，创新专业学位研究生培养模式，使专业学位与职业发展衔接更加紧密，做到产教融合培养机制更加的灵活，培养体系更加健全。进一步加强学科建设体制机制改革，强化学科优势特色，坚持以特为先、以特求强，创新学科建设机制，优化学科专业布局，推进学科融合发展，推动传统优势特色向新兴领域拓展和转型；进一步深化应用型人才培养模式改革，优化人才培养方案和课程体系、实施学科专业动态调整，建立紧密对接产业链、创新链的学科体系；进一步构建应用型课程体系、转变课程教学模式，从理论定向转变为实践定向；进一步完善应用型研究生培养治理结构，搭建更加科学的培养平台，注重分类培养、开放合作，着力增强研究生实践操作能力和应用创新能力。

## （三）以促进行业发展为目标，深度筑牢产教融合

对接"实业强国"，强化应用型培养模式研究，以提高解决实际问题的能力为主线，与实践接轨，促进行业转型升级，坚持以职业需求为导向、以实践能力培养为重点、以产学结合为根本。站在产业科技发展和经济社会发展的最前沿，主动响应和服务产业发展的需要，坚持"产教融合、服务特需、行业定位、职业导向"的原则，强化学科布局、专业设置、培养体系与行业企业相互联动、紧密衔接，将培养目标与促进产业发展、科技创新、成果转化相互牵引。大力推进产学研用协同育人，强化政府的推动力、校企合作的主导力和进取力、行业与专业学位研究生教育指导委员会的指导力

等形成合力，协同推进。推动研究生专业学位点按照"1+N"模式与行业优势企业建立联合培养基地、研究生工作站，实现专业学位点实践基地全覆盖；进一步加强专业学位双导师队伍的建设，优化师资队伍专业结构，提升导师队伍水平，打造高水平"双师双能型"教师队伍，构建创新性工程型精英人才的培养体系；进一步加大选派优秀研究生导师深度参与企业科技创新和经营管理的力度，开展创新型联合培养基地建设及创业型导师的遴选工作，邀请具有较强实践经验的企业技术管理人才走进研究生课堂，不断提升行业企业对研究生教育的参与度，全面形成产教融合的有效闭环。

### （四）以强化项目支撑为载体，扎实推进落地生根

国务院学位委员会提出了新时代提高专业学位研究生内涵建设，要实现从"规模发展"到"高质量发展"的进程，还需要寻求项目支撑。加强项目化建设，把项目作为内涵建设的载体，细化到人才培养、科学研究、师资队伍和条件保障等要素的各个方面，是扎实推进专业学位研究生培养改革的重要抓手。坚持目标导向，具体表现为通过谋划行业产业发展的重大项目，提出重大实际问题，开展实践攻关，为提高专业学位研究生培养质量奠定坚实的基础；坚持问题导向，强化产业发展与人民群众生产生活的结合，通过谋划重点项目、特色项目和未来项目，形成项目集群效应，真正在项目研究和问题解决中将培养任务落实落细；坚持未来导向，预判信息化时代对未来发展的影响，通过项目储备来满足未来社会发展的需要，以解决项目问题提高专业学位研究生人才培养质量。例如，根据企业需求，打造"企业工程师培养计划项目"，为企业量身定做一批工程师人才，这就是我们设计项目的初衷，即我们的目标导向。研究生培养单位根据项目绩效目标，招收具有培养条件的生源，根据当前存在的问题和短板，按照行业标准和工作规程培养，加强行业企业深度参与培养，构建产教融合协同育人机制，这就是我们的问题导向。着眼行业发展前沿，不断强化该项目人才的创新能力，应对行业更新换代和其他不可预见的风险挑战，这就是未来导向。清华大学根据专业学位研究生的特点和市场需求，按照"高端定位、清华特色、中国视角"的专业学位设置标准，面向国家发展重大战略、行业产业当前及未来人才重大需求，建设了一批具有清华风格和时代特征的特色专业学位培养项目，进行了很好的示范。

### （五）以科学评价体系为保障，全面提升治理水平

科学的评价体系是对涉及教育领域不同阶段、不同主体的不同方法和不同要素的合理界定和科学鉴别，是确保进一步明确办学导向和人才培养目标的纲领性文件，是坚持破立并举打造"卓越"绩效体系的重要抓手。深入贯彻落实《深化新时代教育评价改革总体方案》，充分发挥教育评价的指挥棒作用，确立科学的育人目标，以培养一流人才、产出一流成果，提供一流服务为导向，扩大专业学位研究生培养规模，提升培养质量，坚持政府评价、学校评价、教师评价、学生评价和社会评价相结合，充分

利用专业机构和社会组织，形成科学合理的培养体系，建立健全教育评估监测机制，发挥教育评价体系的导向性、诊断性、鉴别性和激励性作用，严把出口关，确保不偏航。在此背景下，抓牢抓实新时代专业学位研究生培养模式"善治"要素，积极用好产教融合的各项政策，为提升专业学位研究生培养质量保驾护航。

随着经济社会发展的需要，应用型高层次人才的需求日益增多。面向国家战略、区域发展、产业需求解决实际问题，培养应用型专门人才，是专业学位研究生培养的必由之路。这就需要我们以引领未来新技术和新产业发展为目标，紧跟社会需求，进一步明确专业硕士研究生培养定位，深入贯彻应用型的培养模式，毫不动摇坚持产教融合，对接地方经济发展、行业需求和未来社会需要，使教育和产业在人才、智力、技术、资本、管理等资源要素中进行集聚融合、互为支撑，搭建校企合作平台，开展订单培养，提高实践教学比重，打造特色鲜明的应用型人才培养体系，形成专业学位研究生教育和产业统筹融合、良性互动的发展格局，用实际行动诠释我国新时代专业学位研究生人才培养的应有之义。

# 第五节　教育供给侧下我国专业学位研究生教育

"专业学位"是相对于学术学位而言的一种学位类型，旨在培养高层次的应用型人才，在培养目标、培养模式等各个方面都与学术学位有所不同。国务院学位委员会第9次会议上通过了《关于设置和试办工商管理硕士学位的几点意见》，首个专业学位的成功设置标志着我国专业学位研究生教育发展的开端。专业学位的发展应经济发展之需要，与社会紧密联系。传统的经济结构不断解体，培育新功能、促进新型生产力的发展成为经济"供给侧"改革的重点，而由此引起的教育领域供给侧改革也为培养应用型人才的专业学位研究生教育发展提出了新的要求。

## 一、教育供给侧

"供给侧"改革是一种经济术语，是经济领域为了提高供给结构对于需求的适应性、提高社会生产力的水平与效率、促进社会经济的有效健康发展，通过一系列改革措施合理地安排生产要素，扩大有效供给，并以"质量提升"为起点的一条改革路径。"供给侧"来源于19世纪初法国经济学家萨伊（Say）的供给自动创造需求理论，即萨伊定理。他主张发挥市场的自我调控能力，放宽对于市场的限制，有效地提供"供给"，而非通过国家宏观调控下的"需求"侧来刺激经济，其对20世纪70年代西方"滞涨"危机的解决发挥了很大的作用。"供给侧"与"需求侧"相对，"投资""消费""出口"

带动下扩大需求的刺激政策，对我国经济的短期增长发挥了强有力的作用，但与此同时，投资所带来的部分产业产能过剩，一直以来也都是困扰我国经济发展的难题。"传统的增长动力已经变弱，包括一般制造业、房地产业、人口红利、投资、出口等传统的引擎都已经非常疲乏，若再靠以往凯恩斯主义似的刺激政策来维持经济的增长，已难以为继。"这意味着随着经济结构的不断调整，单方面的刺激需求已不能适应经济发展的需要。经济发展在"需求侧"的背景下遇到了新的发展瓶颈：一方面，部分产品出现过剩、库存堆积的现象；另一方面，人们日益增长的高层次、高质量需求得不到满足。为了解决经济供给结构上的失衡与不协调，2015 年 11 月 10 日，习近平总书记在中央财经领导小组第十次会议上主张要"加强经济供给侧改革，着力提高供给体系质量和效率，增强经济持续增长动力"，将我国经济致力于"供给端"的转向，而非以往的注重"需求端"。

高等教育始终承担着培养人才、为社会提供人力资本的职责与任务，其良好、有效的发展可为供给体系提供所需要的高质量人才。然而，其在发展过程中也遇到了结构失衡的问题：一方面，高等教育迅速发展，毛入学率不断增长。我国在 2010 年通过的《国家中长期教育改革和发展规划纲要（2010—2020 年）》中提出了高等教育的发展目标，即高等教育的毛入学率要从 2010 年的 24.2% 达到 2020 年的 40%，这种高等教育大众化的趋势使得越来越多学生面临工作难找、失业的难题。另一方面，社会用工单位招不到所需要的合适人才，以致人才培养过程中结构性的失衡成为高等教育的发展瓶颈。因此，在经济供给侧改革的引导下，教育领域的供给侧改革也着手开始进行。教育供给侧改革以经济供给侧改革为依据，旨在通过提高教育质量、合理分配与整合教育资源，实现教育领域人才培养的供给平衡，为社会提供人力资本的有效供给。

## 二、教育供给侧改革下专业学位发展的适切性

发展"适切性"是指发展的适应性与切当性，是基于一定的时代背景与历史特点而提出的。教育供给侧改革的背景下，教育要协调人才供给与需求的关系，顺应社会新型经济与新型生产力发展的需要而培养出更多高层次、高质量的应用型人才。但是高等教育一直以来都受到"政治论"与"认识论"两种哲学理念的影响，其中研究生教育受制于"大学之高深学问研究"的思想理念，偏向于"认识论"的高等教育哲学理念，较为侧重于学生的学术性与知识性，而对于实践能力的锻炼与提升便有所忽略。因此，这种人才培养的矛盾也进一步肯定了专业学位研究生教育作为应用型人才培养模式，在人才培养目标、体系发展、知识生产模式转型三个方面体现出的发展必然性与适切性。

## （一）人才培养目标上的适切性

专业学位研究生教育与学术型研究生教育相区别，在人才培养目标上与学术型研究生教育相对。学术型研究生教育人才培养目标侧重于学生研究能力的提升，培养能够从事学术研究的人才或者从事教育教学的科研人才；专业学位研究生教育的人才培养目标侧重于应用性与职业性，其要求学生在掌握基本理论知识的同时，有较好的应用能力与技术水平。"应用研究能力培养，是自专业学位研究生教育产生之初便具备的，是保证专业学位研究生教育属于研究生教育的基础，是专业学位研究生教育区别于学术学位研究生教育特有的属性。"而传统经济结构的不断调整，经济"供给侧改革"引领下的教育供给侧改革迫切需要的正是专业学位所致力培养的高层次应用型人才。专业学位研究生教育首先在人才培养目标上表现出了与教育供给侧改革背景的高度发展适切性。

## （二）体系发展需求的适切性

高等教育的发展规模日益扩大，发展速度也日趋增快。在教育供给侧改革的背景下，单一的高等教育体系已不适应社会发展的需要，这一趋势促使高等教育体系发生转变，研究生培养体系也在此过程中不断地变革与完善。以培养学术性人才的研究生教育在经济结构不断转型升级的时代下，发展体系与结构过于单一。此时，必须通过完善研究生教育的内部体系，加强专业学位研究生教育的培养，以此打破单一的研究生教育培养体系给社会经济发展带来的僵局，并扭转人才供给结构的失衡状态，维持人才培养结构上的平衡性。专业学位研究生教育的发展满足了研究生教育培养体系扩展完善的需求，在经济转型期表现出了高度的发展适切性。

## （三）知识生产模式转型的适切性

知识生产模式是由英国社会学家吉本斯（Michael Gibbons）在 1994 年出版的《新知识生产》一书中提出的。"他把大学中传统的、在已有学科体系和院系管理结构模式下运行的，以认识论为基础、以学科为导向，在单一学科致力于纯粹学术问题研究，从而发现新知识的知识生产方式定义为知识生产模式一；把在应用情境下，以问题为导向，运用多学科或跨学科知识、理论或技术，在解决实际问题中发现新知识、产生新理论和新技术的知识生产方式定义为知识生产模式二。"教育供给侧改革重视人才培养供给结构的平衡性，主张培养适应社会经济发展的应用型高层次与高质量人才，注重学生解决问题能力的提升，要求学生的知识结构与社会相适应，与各种问题情境相联系。这也就意味着第二种强调问题情境、重视应用能力和技术的知识生产模式将与当前社会教育变革表现出高度的一致性。而培养应用型人才的专业学位研究生教育，能够在要求学生掌握基本理论知识的同时，引导学生将理论应用于实践，把知识与社会问题情境相联系，正是对于知识生产模式转型的一种呼应，展现出了专业学位研究生教育在知识生产模式转型下的发展适切性。

## 四、教育供给侧改革下专业学位研究生教育的具体发展路径

教育供给侧改革背景下专业学位研究生教育与社会需求高度匹配的优势，为其发展带来了优势和动力。与此同时，专业学位研究生教育的发展路径也必须根据教育供给侧改革进行变革，以提高人才培养质量与供给结构的协调性。

### （一）招生就业机制的创新

首先，招生与就业作为专业学位研究生教育运行机制的"两端"，应该得到足够的关注与重视。招生是获得生源的主要途径，生源的质量也会影响到专业学位研究生教育的质量。我国目前的专业学位研究生招生主要面向应届本科毕业生以及在职考生两个群体，对于在职考生一般会考虑到其职业背景与工作经验，而对于应届本科毕业生关注更多的则是初试中的考试分数，很少考虑学生与报考方向相关的能力、兴趣、工作及实习经验。另外，受制于扩招的政策引导及专业学位研究生教育在社会公众心中认可度较低的原因，招生时往往会降低专业知识与能力要求，通过招收大量的调剂生来弥补生源不足。"很多报考专业学位研究生的学生都是原本未达到学术学位研究生的招生录取线，或在学术学位研究生招生复试环节中被淘汰的考生，最后被调剂成专业学位研究生。"但是这种为了增加专业学位研究生教育报考人数的招生驱动政策，较少考虑到学生对专业学位研究生教育的兴趣以及考生自身具有的应用能力与经验，使得部分学生在入学以后形成心理上的学习上的落差，产生一定"厌学"甚至"不学"的消极情绪，进而影响到专业学位研究生教育的培养质量，导致社会认可度再次降低，陷入"扩招"与"生源质量低"的恶性循环中。因此，招生上要注重专业学位研究生报考者的专业兴趣取向，并关注到其相关的工作经历、实习经验及专业技术能力。招生体制由政府统一规制向增加地方自主性招生倾斜，以此增加专业学位研究生培养的灵活性与可调控性；由侧重"数量"向"数量与质量"双侧重倾斜，从而在协调专业型与学术型研究生发展规模的同时，保证专业学位研究生教育的培养质量；由与职业教育的脱节状态向衔接状态转变，实现高层次应用型人才培养路径的连续性。

纵观我国专业学位研究生的就业情况，会发现一个尴尬的现象：相较于学术型研究生，很多专业学位研究生毕业后在专业应用能力技术方面并未表现出绝对的优势，而且在基础理论知识方面相较于学术型研究生也有所欠缺，以致很多应用型的就业岗位不招收专业学位研究生，专业学位研究生教育在招生"输入"与就业"输出"之间出现失调的现象。也有部分学生未能正确认识专业学位研究生教育的培养目标与职业性导向，以学术型就业岗位为目标职业。所以，在专业学位研究生就业方面，要有效地完善就业前的实习机制，提前帮助学生熟练掌握就业岗位所需要的各种知识与技能，并建立"实习—就业"连接，实习阶段中表现优秀者可申请提前进入就业岗位，通过

灵活的就业机制充分激发学生的学习能力与学习欲望。另外，要树立学生明确的就业导向，给予他们就业方面的有关指导。

### （二）课程教学的结构性调整

"课程学习是研究生获取知识、形成能力、提高素质的基本途径，完善的课程体系是提高人才培养质量的要素之一。"目前，我国专业学位研究生教育的课程教学主要采用"理论学习—实践学习"分段化的体系结构，即在入学以后先进行集中的理论知识学习，通常为 1 年，第 2 年开始进行教育实习，一般为 6 个月的时间。从中可以看出，理论学习与实践学习两者之间是存在一定的割裂与断层的。在理论学习期间缺少实践操练，没有真正将理论与实践联系起来，这就使得学生并不能将学到的知识及时地转化为对社会问题情景的某种应用。

除此之外，我国专业学位研究生的课程教学上沿用学术型研究生教育的课堂模式与授课方式，与国外应用型人才培养过程中采用的"抛锚式"教学相比，缺少问题情境性与自身独立的课程教学体系。专业学位研究生教育的目的与培养目标决定了课堂课程教学应具有的实践性指向区别于学术型研究生教育的课堂教学模式。"在培养中，实践教学是根本。"加快完善专业学位研究生教育的发展，要将课程教学的侧重点从"理论学习"转向"实践学习"，增加课上和课后的实践性教学环节，让实践性操作与教学环节贯彻理论学习的始终。"选好学习性、实践性的学习任务或项目等作为实践性教学模式的载体"，增设问题情境，以此来提高学生的专业应用能力与解决问题的能力。

### （三）教育资源的有效供给

"有效供给"是指供给与需求能够相匹配、有应对需求能力的供给。教育资源是保证教育教学开展的有效条件与必备条件。目前，专业学位研究生教育在教育资源上缺乏"有效供给"，供给端所能提供的资源不能满足专业学位研究生教育发展的需求，其中表现得最为突出的两方面是"师资"和"校企之间的联合"。

对于专业学位而言，教师不仅要掌握基础理论知识，还要有较强的实践应用能力与操作能力，即"双师型"教师人才结构。但是，培养双师型师资结构一直都是我国高等职业教育发展的难题，现在亦成为具有强烈职业导向性的专业学位研究生教育所要攻克的困难。教育供给侧改革视野下实现专业学位研究生教育"质"的转向，要求师资结构要侧向实践性与职业性。而为了克服这种"双师型"师资培养难题，我国目前在专业学位研究生教育领域开始努力构建"双导师制"师资结构。所谓"双导师制"，即校内导师与校外导师共同管理师资运行的机制。其中，校外导师主要是企事业单位的高层次工作人员，"校内导师负责学生的理论学习，校外导师则负责为学生提供更多的实践机会。""双导师制"不仅有助于学生掌握系统的理论知识，而且可以通过校外导师提供的实践性操练与运用，使学生获得较强的专业技术与能力。这对于专业学位研究生教育培养工作中"质"的提高起到了重要的作用。在构建"双导师制"的过程中，首先，要处理好校内导师与校外导师的分配比例，保证校外导师的足额配置；其次，要制定独立的校内外导师遴选评价机制，真正为专业学位研究生教育的人才培养提供最贴切的师资配备；最后，受制于校内外导师地理空间距离上的割裂，应加强校内外导师的沟通与交流，使他们同时进入研究生理论教学和实践教学。

在构建"双导师制"的同时，学校与企业自然会相联系，这为专业学位研究生教育培养中缺乏"校企联合资源"起到了很好的化解作用。供给侧改革主张生产要素的合理配置，以此充分激发社会生产活力。相应地，教育供给侧改革也要将教育资源进行合理配置与整合，增加教育资源的有效供给，使得教育真正实现高效、高质量发展。在实现专业学位研究生教育资源有效整合与供给时，可以将"师资资源"与"校企联合资源"相整合，从构建"双导师制"解决师资知识结构失衡问题入手，进一步充分利用校外导师资源搭建学校与企业间的沟通和连接桥梁，为在专业学位研究生教育培养工作中建设教育实习基地奠定基础，让学生充分获取有利的校外资源。同时，也可以从强化校企间的联合方面完善"双导师制"的培养。由此，专业学位研究生教育的培养工作在教育资源合理配置与整合的过程中将获得进一步良好的发展，以此来提高自身供给端的质量。

# 第三章　研究生专业学位培养概述

## 第一节　专业学位研究生培养问题研究

近些年来，国内考研的规模持续扩大。据统计，2021 年考研报考人数 377 万，较 2020 年 341 万增加 36 万，增幅 10.6%，报考人数再创历史新高。招生规模的迅速扩大对我国研究生教育的发展提出了新挑战，对高校研究生的培养质量和水平提出了更严格的现实要求。

专业学位研究生教育是我国国民教育体系的重要组成部分，起步相对来说较晚，但发展速度快。自国家 1990 年决定设置和试办专业学位教育、1991 年开始实行专业学位教育制度以来，在短短 30 年的时间里，专业学位研究生教育一直稳步向前发展，招生培养规模不断扩大，培养质量不断提高。"截至 2019 年，我国累计授予硕士专业学位 321.8 万人、博士专业学位 4.8 万人。针对行业产业需求设置了 47 个专业学位类别，共有硕士专业学位授权点 5996 个，博士专业学位授权点 278 个。"2020 年专业学位研究生招生规模已超过研究生招生总量的一半，成为硕士层次研究生教育的重要组成部分。

### 一、加强专业学位研究生培养的必要性和紧迫性

2020 年 7 月，全国研究生教育大会召开，这是中华人民共和国成立以来的首次全国研究生教育会议。此次会议指明了研究生教育的发展方向，研究生教育作为我国最高层次的国民教育，要站在党和国家发展的战略高度上，加快培养国家急需的高层次人才。2020 年 9 月，国务院学位委员会、教育部印发《专业学位研究生教育发展方案（2020—2025）》，专业学位研究生教育成为我国研究生教育改革发展的战略重点。同年 12 月，全国启动专业学位水平评估工作。高校要肩负起办好让人民满意的研究生教育的社会责任，全面提升专业学位研究生的培养质量和水平。

从外部的发展环境来看，一些发达国家在某些前沿科技领域还存在教育封锁的现象。我国经济发展还存在着自主创新能力不足等问题，尚未建立起现代化的经济体系。要想真正解决卡脖子的核心技术问题，就需要提高我国在关键领域和关键技术上的自

主创新能力。要实现自主创新，归根结底还是教育问题。2020 年的突发公共卫生事件，也对我国医疗卫生、应急管理等领域的发展提出新要求，要加紧培养出一批实践能力强、职业素养高的高水平高层次应用型人才，为人民健康安全和国家稳定发展建立起安全屏障。

办好人民满意的专业学位研究生教育，具有重要的现实意义。通过培养学生的实践应用能力，为国家发展和社会进步输出高层次应用型人才。根据国家发展需求，提高新时代专业学位研究生的培养质量，是实现人才强国战略和科技强国战略的必由之路，是实现为党育人、为国育才的教育使命的必由之路。

## 二、专业学位研究生培养中存在的现实问题

### （一）学科发展行业参与不足

专业学位研究生的培养目标和特点决定了学校要将学生的实践应用能力放在首位。无论是对行业发展储备人才还是学生未来职业发展来说，将行业选人用人的需求和标准纳入专业学位研究生的培养中都至关重要。目前，部分高校还存在着"重专业学位点申报，轻学科后续建设发展"的现象。学科发展上，没有牢牢抓住"提高学生专业素养和应用能力"这个抓手，没有根据社会需求和行业实际情况，灵活地、动态地调整培养计划、更新课程设置及教学内容。行业参与相对较少导致学科发展与社会实际需求脱节，产学研究深度不够。行业意见的有效参与，能够促进研究生理论水平与实践能力均衡发展，能够为学科发展带来新理念与新动力。

### （二）行业导师制度不健全

目前，高校普遍未建立专业素质起专业素质扎实的行业导师队伍。从导师的角度来说，部分校外人员看重高校行业导师的头衔，责任意识淡薄，对研究生教育实际参与和有效指导不足，没有全方位、全周期地参与到学生培养的过程中，形同虚设。从高校管理的角度来说，高校对行业导师的选拔程序、聘任资格与考核激励等管理办法不完善。尤其是行业导师和学校导师职责分工不明确，信息交流不够。如何选拔出真正具有扎实的专业知识和丰富的实践工作经验，掌握国家、学校关于专业学位研究生教育的政策、法规，能够认真履行导师职责的行业导师，需要建立健全行业导师管理制度。让行业导师深度地参与到专业学位研究生培养的全过程中，与校内导师共同指导研究生学位论文选题和撰写，参加其实践考核、开题报告、毕业答辩等。目的在于帮助学生提高专业本领、培养职业操守，为今后积累更多的实践经验，真正做到"让学术更学术，让专业更专业"。

### （三）培养方式较为单一

专业学位研究生教育在我国高等教育的发展进程中起步相对来说较晚，尚未建立起更贴近专业特点的、科学成熟的培养方案。因此，高校在实际教育过程中，往往采用了与学术学位研究生相同或相近的培养方式。这主要体现在课程设置、教学计划、质量评估上，往往与学术研究生采用同样的标准。教学内容上"重理论基础，轻应用能力"，尤其是在研究生的论文选题上。此外，培养方式的单一还体现在研究生实践基地建设不足、部分学生实践环节只流于形式。"依照学术型研究生培养方式进行实验室实践，并没有真正走进企业开展工程实践。"实践基地建设不足，不仅关乎专业学生的科研兴趣和学术热情，更直接影响实操能力的培养。除校外实践基地建设不足之外，部分大学科技园区还存在配套设施不完善、利用率低等问题，导致高校与产业间相互支撑不足。

## 三、解决专业学位研究生培养问题的对策建议

### （一）加强学科发展，推进新工科建设

加强学科发展要充分发挥企业、行业协会等第三方作用，鼓励多元主体协同参与。丰富专业学位类别，根据企业用人需求及行业职业资格标准制订科学的实践训练课程及培养方案，提高专业学位学生的应用实践能力和职业素养，建立起灵活动态的、科学规范的质量体系。注重多元主体协同育人，建立人才培养的多主体、全周期评价，严守学位质量红线。专业学位研究生教育要有机结合国家重大战略、关键领域和社会的重大需求，灵活有度地调整培养目标以及方案。地方高校要围绕地区的经济发展对高水平研究生教育需求，发挥学科特色，完善学校社会实践基地建设。鼓励学科发展提高站位，围绕产业链凝聚力量，与行业产业间互通互联，形成相互支撑的生态体系。以地方高校与行业协同配合的方式，为本地区的产业结构升级和区域发展需求储备大量专业人才资源，大力发展"智造经济"。

在新一轮科技革命和产业变革的现实背景下，各高校响应国家号召，依托学科优势，积极推进新工科建设，如"复旦共识""天大行动"等，为提高专业学位研究生培养质量提供新思路、新路径。创新高校工科研究生教育的培养方案，能够将产教研学深入融合，为产业结构优化升级提供人力和智力资源。专业学位研究生的培养要聚焦党和国家事业发展的需要，瞄准科技前沿和关键领域，回应社会高质量发展对专业人才的需求。顺应新工科建设的大背景，形成行业出卷、高校答卷、政府阅卷的发展新模式。

## （二）加强行业导师队伍建设，强化思政育人

高校要加强研究生行业导师队伍建设。在现有"双师型"的教育机制下，为专业学位研究生适度增加行业导师的数量和比例，完善行业导师遴选机制。制订科学的行业导师选聘条件，坚持公开透明的选聘工作流程，综合考察和评价行业导师的思想道德素质、师德师风、专业水准、指导经验等，避免简单粗暴地唯"帽子"、唯科研经费等。

同时，建立行业导师任职资格动态调整制度，确保导师队伍的质量。高校研究生院每年要根据行业导师指导研究生的实际情况对其进行综合考核，考核不合格者，取消其行业导师的任职资格。尤其是要加强对行业导师的思想政治素质和学术资质的把关和监督。近些年来，教育部通报处理了多起教师违反师德、扰乱师风的典型案例。因此，行业导师队伍建设的关键是要真正选拔出一批具有过硬的政治素质和思想道德水平、具有较强的科研学术能力的卓越导师。将导师作为研究生培养的基本单元，通过丰富多样的实践课程和实践基地活动，引导学生树立职业理想，真正实现"三全育人"。

## （三）创新培养方式，合理配置教育资源

专业学位研究生的培养理念与培养方案要充分结合学科的不同特点，鼓励创新性发展。改变以往对学术研究生重视理论知识储备的思路，在培养理念上注重培养学生的实操能力，以提高学生的知识应用能力和职业能力为抓手，将书本知识与实际应用紧密结合。"专业学位研究生课程还应注重课程内容的前沿性、实践性和是否联系社会需求。"采用案例教学法等，打造精品课程，将课程内容与时下热点话题、产业前沿趋势紧密结合，突出课程的实用性和操作性。建立起分类、分流的培养模式，根据不同学科类别、专业特点、行业规范等，科学系统地制定研究生培养方案与学位授予标准。坚决摒弃"五唯"思想，不将发表论文作为专业学位研究生毕业的硬性要求。

创新高校间注册学习、学分互认、学习成果互认的方式，实现教育资源互通共享。今年突发的公共卫生事件期间，各高校"停课不停教、停课不停学、停课不停研"也给专业研究生的培养带来新的思路，即广泛运用信息化手段创新教育教学方式、培养模式的改革。依托"互联网＋教育"，创新培养的方式、打造智慧校园。在教育经费的使用管理上，注重经费的使用效益和社会服务的贡献度。

此外，围绕区域教育资源布局，加强社会实践基地的建设。与优秀的企业建立产学研合作的交流平台，鼓励申报横向课题，提升学生的实践应用能力和职业发展能力，促进科研成果的转化。"扶贫必扶智"，在全国脱贫攻坚的时代背景下，高校可以围绕扶贫相关产业，加大实践性课程的比重，将科研成果运用到实际的扶贫攻坚工作中，推出像"科技小院"这样将研究生培养、科学研究和扶贫融为一体的育人新模式。高校要提高站位，打开格局，依托专业学位研究生培养，实现社会需求与教育发展的良

性互动，要真正为国家和社会进步培养出具有家国情怀的高层次应用型人才。

# 第二节 校企合作的研究生专业学位培养

研究生教育作为教育体系的最高层次，是各国培养高层次专门人才的主要方式，它为国家的各行业输送了大批优秀、高级的人才。虽然我国高等教育在大力推进，招生培养规模也在不断扩大。但与之相矛盾的是我国的教育资源比较有限，同时由于学校和教师资源和资金的相对缺乏，因此造成研究生培养和教育质量不断下滑，社会对研究生质量不认可，就业形势非常严峻。这使得我们不得不深入地研究当前各国的研究生教育培养模式，以便建立适合我国研究生教育的培养模式。

## 一、发达国家研究生专业学位培养模式的发展

美国是研究生在培养模式上多元化的代表，是最早把基础研究与应用研究结合起来的，不仅设有一般的学术学位还设有专业学位，形成了研究型和专业型培养并重的新模式。美国高校一直普遍实行学分制，学分的积累、储存和转移，在各学习领域、各高等院校和若干年内自由流通，由此促进各校在教学上的竞争。目前美国高校与社会各界建立了广泛的合作关系，使得学生培养质量和对未来工作的适应性得到进一步提高。截至 2012 年，美国研究生学历人员在就业人数中所占的比例已经高达 13.66%，这反映了美国研究生教育是非常成功的，它对其经济社会发展所需的高层次人才的贡献度是非常高的，也表明社会对高素质人才比例要求提高很快，从一个侧面反映了研究生教育对美国科技发展的影响是不可小觑的。

英国高校的研究生培养分为两种类型，一种以课堂授课为主，多为硕士研究生。另一种是以实际研究为主，主要针对博士生。英国的硕士学制可以是选读硕士学位课程，也可进行科研工作，或两者兼有，只要考试合格或提供论文，皆可授予学位。21世纪初以来，英国的研究生教育也开始向专业学位培养倾斜，是实行研究生专业学位培养的首批国家之一，目前在校研究生中非学术学位学生（专业学位）与学术学位学生之比已高达 4.25。为适应整个社会对于人才的要求，法国、澳大利亚和加拿大等在研究生教育向专业学位培养模式的转变方面也表现得非常积极，因此取得的成绩都比较显著，英、法两国目前在校研究生中专业学位与学术学位学生之比已分别高达 3.8 和 4.4。截至 2012 年，英国研究生学历人员在就业人数中所占的比例为 7.1%，澳大利亚为 8.65%，法国为 7.3%，均较美国有所落后。

德国的学徒式研究生培养模式曾影响了世界各国研究生培养模式的形成，但德国

在近年来的专业学位培养模式上较为谨慎，因而起步较晚。德国的研究生培养一直强调科学研究在培养过程中的首要地位。该培养模式更重视讨论、实验等独立环节和实践等方面，实验室和讲座制被广泛应用于传授知识和提高研究技能。并引入"卓越"培养竞争机制，打破常规平等教育原则，以刺激高精尖人才的培养。2009年，德国研究生学历在就业人数中所占的比例约为10%。但德国在校研究生中专业学位与学术学位学生之比仅为0.32，远低于英、美等国。

日本的研究生培养模式有一些是借鉴和德国，对硕士生侧重于通过课程来进行培养，对博士生则侧重于通过科研来进行指导。将基础科学研究和尖端科学研究相结合，更多地着重于提高学生的实际能力和创新能力。与德国较为类似的是，日本对于研究生专业学位培养模式的改革也是较为谨慎，直到近几年才有少量专业学位培养开展。截至2012年，日本在校研究生中专业学位与学术学位学生之比仅为0.08，研究生学历人员在就业人数中所占的比例为2.63%，较英、法等欧美国家都低。

## 二、我国研究生教育培养模式现状

目前我国各高校的研究生教育模式主要是集体式培养，学校规定学分、指导教师指定毕业课题，在学校进行课题研究，然后撰写论文答辩。这种培养模式类似于工业生产流水线，培养的学生都是一个模子，无工程背景，缺乏实践和创新，无法与社会接轨，因此研究生到工作单位后常要花大量时间进行培训和熟悉，遭到用人单位的诟病。

从前述文献比较可以发现无论是英、美、德还是日本，都认为研究生教育应把培养学生独立完成实际工作作为最终目的，这种培养模式为社会的科技进步做出了不小的贡献。但这却是我国研究生教育培养所缺乏的。我们的研究生教育是严进宽出，许多大学生进校就开始准备考研，结果考研分数非常之高，但到了课题阶段却连一般本科生应具备的素质都不如，没有相应的创新能力和知识水平，更没有解决实际课题的相关能力，最终老师和学生都痛苦地熬过3年，草草答辩收场。学生到了社会，被认感同感和自我存在感都很低，难以实现自我价值和对社会、国家的回馈。这种选材和培养教育方式，不仅对学生不负责，也是对国家和社会的不负责，对于人口素质的提升是很有害的。目前我们已经充分认识到这些问题，并在学习借鉴其他国家的培养模式，例如专业学位硕士培养。它是一种以实践为主导培育复合创新型人才的学位类型，是我国研究生教育领域的一次重大改革，主要培养研究生在学科上掌握坚实的基础理论和系统的专门知识，并且应具有独立担负专门技术工作的能力。目前国内的许多重点工科院校都在积极推动专业学位研究生的培养，工程专业型硕士的比例逐年提高。但由于我国的研究生选拔依然以分数定终身，在培养模式上也是以学术型学位研究生的培养为主要模式，因此收效甚少。目前我国非学术学位的学生与学术学位学生之比仅为 0.35，远低于英、法、澳等发达国家。截至 2012 年，虽然我国已迈入研究生教育大国，但研究生在就业人数中所占的比例却只有 0.48%，可见我国的研究生作为高、精、尖人才，为国家和社会承担重担的格局还远未实现，我国研究生教育要跨入强国行列也还是任重道远。

## 三、校企合作专业学位培养模式的探讨

### （一）校企合作及其对专业学位研究生培养的优势

近 10 年来，各国都认识到培养研究生的创新能力是非常重要的，也认识到专业研究生培养的重要性，尽管各国的侧重点不尽相同，但已经慢慢将研究生培养模式由学术型向专业型转变了。我们国家近几年来也认识到了这点，开始向专业型研究生培养方式的摸索，其中最重要的一项措施就是校企合作的培养方式。它是目前最流行的、最为有效的、也最为适合研究生教育的教学模式。学校通过对企业工作任务的分析，开发专业领域课程，创建实践环境，以提高学生的综合创新能力为重点，采取课堂教学与参加实际科研工作有机结合的方式，把学生的学习贯穿于整个工作过程之中，培养适合不同用人单位需求的、具有较高创新与实践能力的人才的一种教育活动。

其实校企合作在世界一些发达国家的大学本科教育中已经开展了近百年，并成为促进经济发展及人才培养的重要模式，如德国的"双元制"、美国的"合作教育"模式、英国的"工读交替"模式、澳大利亚的"TAFE"模式、加拿大的滑铁卢大学模式、日本的"产学合作"模式、新加坡的"教学工厂"模式等。针对我国目前研究生存在的创新能力差、无实际解决问题能力等缺点，我们也可借鉴此模式应用于研究生教育领域，建立校企合作的专业学位研究生培养模式。校企合作的培养模式适合面较广，特别适用于工科院校的研究生培养。校企合作的这种培养模式的优势是比较突出的，主要有以下几点：

1. 课题与社会生产实际结合

学校与企业或研究所合作，由企业或研究所向学校提出生产实际急需解决的课题，课题的来源丰富，涵盖面也非常广泛。由于各个企业、研究所提出的课题各有特点，完全来源于社会实际，这样可以提高学生的实际解决问题能力和创新能力，并在课题的实际解决过程中，了解企业对问题解答的关键，避免出现脱离实际的结果，也让学生在研究生攻读期间就慢慢了解企业和社会的要求和动态，为今后毕业能够顺利融入社会实际工作打好基础。

2. 导师队伍优化补充

高校聘请企业或研究所中具有较高学历及丰富生产实践经验的技术人员担任硕士生导师或副导师，既保证了研究生的培养质量和课题的顺利完成，又解决了学校教师

课题偏离实际的矛盾。另外，企业里的高层次技术人员因为长期与实际接触，因此可以将一种全新的解决问题的思维和方法介绍给学生，这种在生产实践中总结出的创新思维或方法，可以提升培养学生的质量，也能保证毕业生具有较强的择业优势。

3. 科研教育经费充足

科研经费不足是制约高校科技发展和创新的重要因素。高校科研投入和开发的经费不足导致了一些课题选题缺乏科学性和应用性，另外一些科技成果也不能真正转化为生产力，重大的成果则更难产生和向市场转化。因此校企合作成功地解决了这些问题，企业为研究生提供足够的资金、给高校和研究生作为课题研究经费，也会对研究生给予一定的生活补助，这对于高校而言，解决了科研经费短缺的问题，对学生来说，确保学生能专心科研，对学生的动力有很大的促进作用，学生获得成果的比例也相应提高。

### （二）校企合作的主要措施

1. 建立合适的合作方式

高校和企业在建立合作时，应确定适宜的合作方式，并签订相关的培养协议、合作协议、确立相关职责的权利和义务等。在合作中，主要体现在教学资源校企共享（包括师资、设备、实验和检测条件、社会资源等），培养计划校企共定，教学过程校企共管，教学成果校企共荣等方面。总之，校企合作可以有效地整合各种分散的社会教育资源，按照社会和企业的需要进行"量体裁衣"，培养适应单位需求的研究生。各个研究生导师也可根据与企业合作的意向，先进行试点输送研究生到企业进行实际课题的研究。

2. 拓展专业课合理分配课时和设置学分

专业学位的研究生培养不同于学术学位研究生，应该更重视学生的实践能力。为此应该有一套完整适宜的专业学位培养方案，主要体现在专业目标培养上，以体现企业和社会对研究生人才质量的要求。因此学校和学院应专门增设更多相关的专业课程、合理的分配专业课时比重，在学分和考核形式上以区别于学术学位研究生，在课程结构、课程内容、教学方法、课时安排、实践内容、教学条件及学习评价等多方面进行考核。也可以学习和借鉴美、英等国的教育体系，实行学分的积累和转移，不同学校、学院对于相同专业领域的学分可以相互认可，减少重复投资和人才浪费，学生选择听取专业课的机会也增加了。

3. 设置奖励机制

目前我国的研究生培养依然以学术型学位培养为主，专业型研究生的比例很低，使得学生、家长和社会等对此都有误解，认为专业型研究生不如学术型的，从而学生不愿意报考或就读，用人单位也不愿意接纳。学校在这方面应该对学生、企业和社会做好协调和全面介绍工作，并针对学生要有好的启发和引导政策，例如在奖学金分配比例方面，直接升级读博方面，或者在研究生毕业保送其他学校、优先推荐去往优秀的工作单位等方面能有相对的倾斜，使得学生愿意作为专业学位的研究生被选拔和培养。

### （三）校企合作存在的问题

#### 1. 校企双方选择的问题

学校在校企合作方面应严格甄选企业，寻找合适的合作伙伴；同时也要求合作企业为专业学位研究生提供专门技术研究的岗位。在校企合作中，只顾追求企业的知名度和合作企业的经费资助，对于专业学位研究生培养的硬件和软件要求不高，是无法达到真正育人目的的。而一些合作企业只负责为研究生提供课题或研究条件，但没有认识到校企合作的实质，更未把研究生作为国家人才进行培养，也忽略了教育的根本目的，导致校企合作流于表面。

#### 2. 校企合作的机制不健全

我国目前的校企合作培养专业学位研究生缺乏连贯性，合作企业与高校没有构成一个具有特定功能的整体。在校企合作中，高校和企业在校企合作中的制度制定、师资配备、设备供给、平台建设、信息反馈等方面的都存在不足，导致双方的资源难以真正共享。例如企业出于市场竞争和企业安全的考虑，只是提供技术含量不高的课题和工作，不敢让专业学位研究生接触企业的核心技术；而高校也无法保证供给企业高质量的研究生作合作研究。这表明高校和企业在校企合作中都没有认识到合作的最终目的，也没有从战略高度上认识到校企合作的重要意义。

#### 3. 校企合作的成效不显著

尽管专业型研究生在校企合作培养模式上有一定的收获，学到很多实用的东西，创新实践能力得到提高，但目前效果并不是很显著，其为社会科技进步做出的贡献还远不如前述的欧美发达国家。主要是由于研究生整体对于毕业后薪资和工作环境等要求颇高，在校企合作框架下培养的专业型学生，能够再回到合作单位的很少，大多数学生没有回馈到企业去，其中待遇和工作环境是他们抱怨较多的问题。这对于企业来说，是很不公平的，企业花心血培养的专业研究生，却不能为其所用。此外，校企合作培养专业学位研究生深度不够，特别是欠缺技术创新方面的合作。企业提出的课题往往是当时出现的问题，没有前瞻性，学生的科研主动性得不到提高，也难以树立静心科研的态度。

面对社会对研究生的众多要求，仅靠学校单方的努力是难以满足的，这也需要整个社会和企业的支持与配合，建立和健全校企合作培养的新模式，既能帮助企业解决实际生产中的难题，也能提高学生的创新和科研能力，确保培养出的高素质研究生人才为社会所用。通过对研究生培养模式进行改革，建立专业学位和校企合作的联合培养模式，尽快与世界发达国家的研究生教育制度接轨，将缩小国内外研究生教育质量的差距。从大方向来说是对国内人口素质负责，并促进社会科技发展；从小的方面来说，也节约了教师、学生的精力、时间和金钱，对提高研究生就业率是十分有效的。

# 第三节　分类培养下专业学位研究生培养

为了推进我国高等教育的跨越发展，国家在"985"和"211"之后决心建设双一流高校。我国传统的研究生培养主要集中在学术型研究生，随着研究生扩招、行业的发展形势，对专业学位的需求逐年增加。围绕地方行业高校如何以一流学科建设为契机，在遵循研究生培养的基本要求和规范的前提下，做好不同学科层次不同类型研究生培养工作，全面深化研究生教育教学改革与实践，培养不同类型的高素质人才。

加快世界一流大学和一流学科建设，是党中央、国务院在"十三五"时期统筹兼顾国际化与主体性，推进高等教育跨越发展、赶超发展的重大部署和决策。"双一流"建设必然要求高校在一个新的高度重新审视自身的发展定位和人才培养目标，正如习近平总书记所言："办好我国高校，办出世界一流大学，必须牢牢抓住全面提高人才培养能力这个核心点，并以此来带动高校其他工作。"

建设世界一流大学必须建设世界一流专业，由于行业具有专业独特性，专业技术人才需要具有行业特色和优势的大学进行专门的培养。"双一流"高校的建设，也给地方行业特色高校带来了机遇和挑战。

## 一、地方行业特色高校在"双一流"建设中的新形势和困境

### （一）新形势

"一流学科建设"具有更高的学科建设目标和人才培养要求，审视这类高校的学科建设和研究生培养工作，是地方行业高校的学科与人才培养的特色优势，也形成了学科发展与人才培养水平的层次性，使不同学科研究生培养的目标定位、条件支撑、质量水平呈现不同的差异性。如何以一流学科建设为契机，在遵循研究生培养的基本要求和规范的前提下，做好不同学科层次及不同类型研究生培养工作，明晰不同学科专业研究生培养目标定位，推进五育并举和分类培养的实施，全面深化研究生教育教学改革与实践，培养不同类型的高素质人才。

### （二）困境

学科发展围绕行业发展和国家形势，缺乏协调的学科布局和规划。学科结构相对较为单一，而且优势学科集中在某个或者某几个学科领域；前沿学科与新兴、交叉学科的关联度不够，同时拓展深度也不足；优势学科与其他基础学科的联系比较薄弱而

且缺乏协同发展，难以形成新的学科生长点和优势学科群。

需进一步优化导师队伍的素质与结构。校外导师队伍数量不足且人员不稳定，对于专业学位的持续培养效果不好；师生比例高，师资队伍的不合理，都难以保证专业学位研究生的培养质量；高层次导师比例较低，难以满足高质量学科发展的需求；教师引进待遇低，难以吸引优秀人才。

急需完善相应的人才培养机制。目前特色行业较为弱化，而且有些行业步入夕阳阶段，就业的薪酬待遇较低，毕业生招收人数较少，人才流失比较严重；现阶段国内大部分高校的课程体系，在本—硕—博以及学术型和专业型的区分度不大，教育教学方法比较落后；大部分优质生源会优先选择学科种类多、就业形势更丰富的综合类高校。

## 二、行业特色高校专业学位培养主要问题

### （一）生源质量问题

1978 年我国高校恢复研究生招生以来，我国的研究生教育迅速发展，研究生培养模式根据国内经济和产业结构的发展呈现多元化，这样很大程度加速了研究生培养方式的改革和变更。我国研究生教育的不断发展，招生规模逐年扩大，能够满足更多人获得高学历的梦想，为国家的经济发展和社会进步起着重要的作用。但研究生的扩招无法解决地方院校的生源短缺，尤其是优质生源的短缺。地方行业高校的研究生生源质量不高、专业基础较差，对后续研究生的培养质量也有较大的影响。

### （二）专业学位与学术学位研究生培养趋同化

1990 年开始国家决定设置和试办专业学位教育，1991 年开始实行专业学位教育，2009 年开始进行全日制专业学位硕士研究生的培养工作。随着我国经济社会的快速发展，各行各业对高层次应用型人才的需求持续增长，专业学位研究生的招生比例逐年增加，将来会在整体招生计划中达到 2/3 以上的比例。至今全日制专业学位的教育有10 来年，还处在不断探索的阶段。在大部分高校因为师资或者其他原因，造成专业学位与学术学位研究生培养的趋同化，但是对于这两类研究生应分类培养，应有不同的培养体系。

### （三）专业实践流于形式，缺乏过程监督

随着研究生扩招、行业的发展形势以及对专业学位的要求较高，加大了对专业学位研究生专业实践落到实处的难度；企业能够提供的专业实践岗位与扩招的研究生数量已经无法匹配，难以满足全部专业学位研究生的专业实践；专业实践在实际过程中的安全性、可操作性和技术性等要求都比较高，专业学位研究生没法完全进入一线实际操作；实践基地的持续维护也缺乏专人管理，导致后续到期的基地或新基地的建设

都较为困难；现阶段对专业学位研究生的学术水平和学位论文要求仍然较高，导致专业学位指导教师和研究生对长达 6 个月甚至 1 年以上的专业实践不太认可。随着研究生的扩招，研究生院管理模式进入研究生院——研究生培养单位的二级管理模式，但对专业学位研究生的专业实践过程缺乏管理，专业实践的质量没法保障，与国家对专业学位研究生的专业实践能力培养目标存在差距。

## 三、专业学位培养具体措施

### （一）明确研究生分类培养的目标定位

明确不同学科研究生的培养目标。对于特色优势学科，以支撑行业领域发展战略和引领区域（5 年或 10 年）产业发展及技术升级为导向，全力培养兼具家国情怀与视野开阔、创新精神与人文素养、理论功底深厚与实践能力突出的拔尖创新型人才和高层次工程应用型人才；对于配套学科，将服务区域产业发展和技术升级为导向，着力培养具备家国情怀与人文素养，有较高知识技能和一定创新意识的创新型人才和工程应用型人才；对于支撑学科，以服务地方与周边经济社会发展为导向，致力于培养具备家国情怀和人文素养，功底扎实的应用型、复合型、基层型等多样化的人才。

### （二）构建分类培养目标条件下的支撑体系

开阔思路，吸引优秀生源。扩大招生宣传是吸引研究生生源的重要途径之一，开展多种多样的招生举措，如开展各式的暑期夏令营和宣讲活动、修订招生方案、改革招生制度等，运用现代化手段进行多元化的招生宣传，吸引更多的优秀生源；增加多种类的奖、助学金，提供多种渠道的学生助学贷款和困难补助等；增加更为丰富的研究生培养模式，为研究生提供更多的选择。

修订培养方案，明确分类培养目标。确定新时代研究生培养目标及实现目标的环节设定与条件建设，响应国家对卓越人才的迫切需要，完善培养体系内容，突出人才培养特色，分类制定研究生培养方案。处理好博士、硕士、专业硕士的培养方案课程间的区别和衔接关系，明确不同层次的培养要求，反映不同类型的培养特点。

重构课程体系，加强课程教学支撑，提升培养能力。以体现最新精神、遵循育人原则、分层分类培养、推动学科交叉、实现资源共享为原则，重构公共基础课程（必修）、专业课程（基础课、核心课、选修课，含补修课）、跨专业选修课程（含补修课）、公共选修课程在内的四大类课程体系，课程知识由学科在考虑课程教学团队基础上自主决定，将部分专业课纳入公选课程，从而实现校院共建公共选修课程平台和跨学科选修课。培养和建设优秀师资队伍，提高研究生教育教学质量，办出特色的地方行业高校，加强优质课程资源的整合开发和应用，开展研究生优质课程建设及教改教研项目活动；随着研究生国际化培养趋势，建设研究生全英文课程和全英文教学班，推动课程国际化建设；推进专业学位研究生教育教学改革，加强案例教学，提升研究生培养质量，根据国家的文件精神要求，结合地方行业高校的实际，将理论与实践密切结合，以案例为切入点引导学生发现、分析和解决问题，实现经典案例和教学资源共享，推动案例课程建设；及时打通校外（国外）修读课程的制度屏障，允许因时因地的跨学科、跨学院、跨学校修课，以及适时开展与外单位的联合培养工作。

加强教材建设夯实人才培养基础。要加快研究生教育的发展速度，提高研究生培养的质量，需加强研究生教材建设。教材建设应注重探索学科的发展规律、激发学生自主学习、提高学生综合素质和创新能力，加强研究生教材的建设工作，体现学科前沿和最新研究成果。研究生教材的建设利于各高校因材施教，根据学校研究生生源特点、学科发展趋势编制适合的研究生教材，特别是对于专业学位研究生，教材中加入适量的案例内容和企业内容，利于专业学位研究生的培养，更加夯实专业学位研究生的人才培养基础。

### （三）加强校内外导师队伍建设，提升导师整体指导水平

树立科学的研究生培养教育质量观，注重以导师立德树人的职责为核心，传承高校的相应精神，创新导师队伍建设体制机制，积极探索和建立研究生导师落实立德树人职责考核保障体系，贯彻立德树人根本任务，将立德树人的要求贯彻落实到研究生培养的全过程，制定学校相应的研究生导师立德树人职责实施细则；建设一流的研究生导师队伍和提高研究生培养质量，全面落实全国教育大会、全国和省上研究生教育会议精神，修订学校对应的研究生指导教师任职资格与聘任管理办法，实行导师任职资格动态管理，开展导师年度资格审核与聘期学术水平考核；在明确第一导师的培养职责基础上，根据科研需求和育人要求，组建校内同一学科导师的联合指导团队和交叉学科导师的联合指导团队；开展新增指导教师岗位培训和在岗导师定期培训工作，提高导师指导能力和业务水平。

### （四）构建较为完整的学术交流平台，推动创新型人才培养

建立完整的学科竞赛、研究生科研创新基金、研究生国际学术交流等研究生创新能力提升项目。推动地方高校的研究生人才培养模式改革，激励研究生主动学习和引导教师探索研究型教学，培养研究生创新意识、协作精神和实践能力；加强地方高校的"双一流"建设，强化以高水平科研为导向的研究生培养模式，提升研究生的学术创新能力，引导研究生选择前沿性、创新性的研究课题，切实提升研究生培养质量与核心竞争力；促进地方高校研究生的国际学术交流、开阔学术视野、提高国际化水平，扩大学校的国际影响力。

### （五）搭建联合培养平台推进产学研协同培养

在原有校企合作平台建设的基础上，建设多模式的培养基地，如："研究生联合培

养工作站""研究生联合培养基地""研究生社会实践基地",联合建设一批"研究生培养示范基地"。大力发展专业学位研究生教育,围绕高、专、精、尖的引领方向,深入推进学校学科专业调整,加快建立基础学科、应用学科、交叉学科分类发展新机制,优先支持相关战略支撑学科建设,加快发展现有学科,授权体系"强优势、补空白"等相关学科。

### （六）加强专业学位研究生专业实践过程监管

以专业实践项目制管理为抓手,加大对研究生培养经费的投入,提高专业学位研究生专业实践质量,加强对实践过程的过程监管。由各研究生培养单位落实和实施专业学位硕士研究生的实践环节,培养单位根据研究生培养规模建立一定数量的规范专业实践基地,制定符合专业学位教育指导委员会对人才培养要求的专业实践大纲,明确专业实践的目标、任务和考核要求,指定具体指导教师具体负责专业实践,规范开展专业实践的组织、指导、实施和管理工作,并报研究生院备案。

### （七）持续将思政教育贯穿培养全过程

实施"社会主义核心价值观培育和践行计划","双一流"专项资助党建思政各项工作,传承学校一贯的办学精神,将其与爱国主义教育相结合,培养学生的家国情怀和历史使命感,将蕴含办学精神的思想政治教育融入一流拔尖创新人才培养中。强调"在研究生培养的各环节要始终恪守立德树人职责,尤其强调融入家国情怀与文化自信。在课程教学环节要主动选用反映我国在相关领域重要贡献成就的案例"。推进学校科学道德和学风建设工作,推动校园文化建设。

### （八）加强信息化条件建设

促进"研究生管理信息系统"升级,完善管理服务体系,建立涵盖研究生学籍、课程学习、学位论文、教研教改、课程建设、研究生创新创业活动等为一体的管理系统,为全面深化研究生教育教学改革、实施层次分类培养提供技术支撑。

### （九）强化学位论文应用导向

专业学位硕士研究生的学位论文可以调研报告、规划设计、产品开发、案例分析、项目管理、艺术作品等为主要内容,以论文形式呈现。要求强化行业产业协同作用,健全产教融合激励措施,提升行业产业参与专业学位研究生教育的积极性。

高举中国特色社会主义伟大旗帜,以习近平新时代中国特色社会主义思想为指导,充分发挥地方行业高校的行业特色和有利资源,明晰不同学科专业研究生培养目标定位,推进五育并举和分类培养,全面深化研究生教育教学改革与实践,培养不同类型的高素质人才。按照"个性、自主、创新"的要求,培养不同层次类型的人才:(1)一流学科人才培养以支撑国家相应战略和引领区域(5年或10年)产业发展及技术升级为导向，全力培养兼具家国情怀与视野开阔、创新精神与人文素养、理论功底深厚与实践能力突出的拔尖创新型人才和高层次工程应用型人才；（2）配套学科人才培养以服务区域产业发展和技术升级为导向，着力培养具有家国情怀与人文素养，有较高知识技能和一定创新意识的创新型人才和工程应用型人才；（3）支撑学科人才培养以服务地方/周边经济社会发展为导向，致力于培养具备家国情怀和人文素养，功底扎实的应用型人才、复合型人才、基层型人才等多样化的人才。

# 第四节　专业学位研究生"双导师制"培养

在经济发展与文化转型的背景下，国际竞争的趋势逐渐从传统的经济竞争、文化竞争转变为科技竞争、人才竞争。而构建创新型国家是我国提升国际竞争力的关键，是把握经济发展脉络，寻求经济新增长点的必然手段。由于培养复合型、应用型高层次人才是创新型国家得以构建和发展的前提条件，而扩大专业学位研究生培养规模、丰富专业学位研究生培养内涵是未来我国研究生教育发展的一大趋势，因此将"双导师制"培养模式融入研究生教育中，能够切实提升高层次人才培养的质量和效率，符合社会创新发展的需要。

## 一、双导师制培养模式的形成与发展

导师制是我国研究生教育的基本制度，主要指由导师全面负责并指导学生的生活、品德、科研、学习等层面的管理制度。1953 年，通过颁布《研究生培养办法》的方式，我国研究生教育真正确立了"导师制"制度，导师制逐渐成为我国研究生培养的重要制度。在实践应用中，导师制能够切实提升研究生教育的质量与内涵，紧抓社会、经济发展对高层次人才培养的需求，进而对研究生培养模式进行调整与变革。但导师制在人才培养中也存在着诸多的问题，具体体现在"重知识，轻实践""导师队伍质量参差不齐"等方面。而在社会经济建设与文化转型发展的背景下，国家和社会对复合型、创新型、实践型人才的需求越来越旺盛，促使高校越来越注重专业学位研究生教育中实践与理论的融合质量，越来越关注导师队伍的综合素质和整体水平，因此"双导师制"应运而生。

双导师制主要指每个研究生配有校外校内两名导师。在研究生教育与培养中，两名导师密切配合、分工明确，能够使高校从研究型、学术型的人才培养重心向创新型、实践型的培养重心进行转变，切实提升了专业学位研究生的培养质量与效率。在双导师制得以确立和应用的过程中，国家各级教育主管部门起到了推动和引导的作用，使双导师制成为研究生教育的重要培养模式，成为增进研究生培养与社会经济建设的媒介和抓手。譬如 2002 年教育部在《关于加强和改进专业学位教育工作的若干意见》中提出"教师必须要紧密接触实际，具有实践经验"，应"积极吸收有丰富实践经验和较高理论水平的人员参与教学活动"。2010 年下发了《有关学位研究生教育的若干意见》，将建立健全"双导师制"作为高校研究生培养的重点，并提出具体指导意见，即"构建以校内导师为核心，校外导师全面参与的项目研究、实践过程及课程开设等工作的培养体系"。2013 年，教育部与人力资源和社会保障部共同下发了《关于深入推进专业学位研究生培养模式改革的意见》，强调应"大力推广校内外双导师制，以校内导师指导为主，重视发挥校外导师的作用。根据不同专业学位类别特点，探索导师组制，组建由相关学科领域专家和行（企）业专家组成的导师团队共同指导研究生"。因此在我国社会转型发展中，双导师制逐渐成为专业学位研究生培养的重要机制之一，发挥出不可替代的功能和作用。

## 二、双导师制在研究生培养中的价值

双导师制是校外导师与校内导师通过相互合作，促使专业学位研究生培养更切合学校人才培养的目标和社会经济建设的基本需求。而在教育实践中，双导师制的推行和应用，还拥有诸多的意义和价值。首先，推行双导师制有利于学生提高实践能力。双导师制的推行与落实，有利于研究生整合理论知识，使理论知识更好地应用在社会实践中，进而使经验理论化、理论实践化。在双导师制的落实过程中，研究生能够在校外导师的引导与指引下，深入了解企业的运作机制及前沿科技，能够使学生在实践与学习的过程中，获得创新意识、促进动手能力及实践理念的提升。其次，推行双导师制有助于解决师资匮乏的问题。据统计，2020 年全国在校研究生总数已达 290 万人，其中专业学位研究生招生占比达 60%，而导师人数仅有 35 万人左右，研究生与导师的供需关系存在明显不均衡的问题。而实施双导师制后，高校能够充分利用校外导师的力量，缓解导师队伍严重匮乏的现实问题，帮助学生更好地获得教学、科研、实践、就业等方面的提升，提升学生适应社会的能力。并且，推行双导师制有利于提升导师队伍的综合素质。在研究生培养中，高校以校外导师与校内导师相结合的方式，完善研究生培养的模式、体系及机制，能够更好地帮助学生获得专业发展与学业成长，也间接地提升导师队伍的专业素质。校外导师能够通过校内导师获得更多的理论知识，而校内导师可以通过校外导师获得实践经验、技术水平及管理经验，在取长补短的过程中，提升了导师队伍的综合素质，为研究生教育的健康发展奠定扎实的基础。最后，推行双导师制能够拓宽专业学位研究生的就业渠道，研究生可在实习单位获得充足的实践经验和岗位知识，减少学生与企业的磨合时间，从而为学生留驻实习单位提供有利条件。

## 三、双导师制在研究生教育中的应用问题

双导师制能够为专业学位研究生培养提供重要支撑，帮助学生更好地获得社会经验、实践能力和创新意识。但在实际应用中，却存在诸多问题，难以发挥双导师制在学生培养中的作用。

### （一）难以实现双导师的全面覆盖

大部分高校虽然落实了"双导师制"，但在研究生教育与培养的过程中却存在落实不到位、管理不到位、执行不到位等问题，难以使所有在校专业学位研究生接受校外导师的帮助和引导，难以切实凸显校外导师与校内导师相结合的优势与价值。而部分高校虽然构建了双导师制度，但拥有双导师的研究生仅占78.32%，且能够接受校外导师指导的概率或机会相对较低。在宏观层面上，双导师制的覆盖率问题主要可从实施效率与覆盖层面两方面来分析。首先是实施效率，根据北京航空航天大学的问卷调查显示，当前校外导师的指导效果还不够明显，学生实践能力、创新能力的培养效果仍不够突出，学生对校外导师的满意程度较低（认为效果良好的仅占35.45%）。其次是学生覆盖，部分高校对"双导师制"的理解有所不同，但根据专业学科的性质我们能够发现，实践性较强的专业覆盖率相对较高，而学术性较强的专业覆盖率相对较低。

### （二）校内外导师缺乏有效的交流

校内导师与校外导师应形成相互合作、互通有无的教学关系，然而在实际研究生教育过程中，校内导师和校外导师却缺乏紧密的沟通联系，各自为政、各自为营的问题较为严重，导师通常肩负各自的职责与义务，难以在实践能力或学术能力培养中，渗透相关的知识或内容，并且在培养机制上缺乏衔接。在培养方案与培养计划的制定中，校内导师与校外导师都拥有各自的教学模式、体系及机制，学生难以及时地融合理论和实践两个层面的知识，致使双导师制的应用价值无法得到充分的发挥。虽然部分高校能够认识到"协同合作"在双导师制中的重要性，并构建了相应的沟通平台及指导文件，但实践效果不够明显，校外导师与校内导师依旧无法形成预期的协同效应。

### （三）双导师的指导效率较低

为切实分析和探究双导师制的问题，需要从指导频率、沟通方式、指导作用3个层面出发。首先是指导频率，指导频率低的问题主要体现在校外导师，且每次指导时间都相对较短，难以将行业发展、岗位经验及社会实践等知识充分地传达给学生。其次是沟通方式，校内导师与研究生的沟通方式以社交网络与电话沟通为主，面对面沟通的比重较低，仅占22%（西南大学调查数据）。在网络沟通层面上，校外导师通常以

微信、邮件沟通等方式为主，并且在沟通的过程中，没有任何的课件、计划及方案。最后是指导作用，在论文指导层面上，从选题、开题、中期考核到答辩等环节，几乎都由校内导师负责，校外导师几乎很少参与到论文指导的过程中，进而影响研究生学位论文的质量。而在校外实习中，校内导师几乎很少询问研究生的实习状况，没有给予相对明确的实践方向。

### （四）校内外导师的职责不够明确

通常来讲，高校都会为校内导师建立相对完善的工作职责，但很少有院校会积极地制定针对校外导师的工作职责，导致校外导师的工作职责缺失，难以根据相关的规定和标准开展专业学位研究生的培养工作。而在双导师制的落实过程中，由于学校和企业拥有不同的工作机制、管理理念，导致校内导师在校外指导中的职责缺失、校外导师在校内指导中的责任不明，进而造成导师职责体系不够明确、清晰等问题的出现。因此要想彻底解决此问题，还需要从学校与实习单位的整体角度出发。

## 四、破解双导师制落实问题的有效策略

### （一）切实提高双导师制的覆盖率

首先，高校应提高对专业学位研究生培养的重视程度，并在这个过程中，充分认识到双导师制的价值与作用，将校企深度合作作为双导师制的关键和抓手。其次，构建基于双导师制的实施细则，以奖惩、考核等手段提高双导师制的落实效率，如构建相应的监督机制，以此明确双导师制的实施目标。最后，要提高双导师制的覆盖率。在专业学位研究生培养中，学校应明确不同学科的性质和要求，通过数据调查、分析、归纳等方式，明确高校对校外导师的需求量，进而通过一一配比的方式，来实现一个学生拥有两名导师的目标。

### （二）搭建校内外导师沟通平台

首先构建合作课程，高校应在双导师制的制定中，鼓励校外导师和校内导师积极开展合作课程，通过安排具体的授课内容，加强校外导师与校内导师的沟通。在这个过程中，高校应成立相应的工作小组，明确校内外导师在课程开设中的目标、内容、方法及形式，以此提升校内外导师的协同性及积极性。其次，要搭建网络沟通平台，为校内外导师制定相应的科研任务、教学任务及培养任务。最后，高校还应搭建相应的校内培养平台，使校内导师负责学生的校内培养工作，并以此加强校内导师与校外导师的联系，提升校内外导师的协同合作意识。

### （三）制定科学合理的导师管理制度

针对校内外导师指导频率、沟通方式及指导作用差等问题，高校应从规章制度的

角度出发，提升校内外导师的指导质量。首先，高校与实习单位应构建协同发展机制，从专业学位研究生培养的角度出发，共同制定双导师管理制度，并将导师评价与校外导师的绩效评价相结合，充分调动校外导师的积极性。其次，明确制度内容，即规定校外导师的指导频率、指导时间、指导标准及沟通方式。譬如在沟通方式上，应规定校外导师应以远程指导的方式为主，应具备完善的指导方案、指导计划及指导目标。在网络指导的过程中，必须达成理论联系实际的目标。在校内导师规范中，应明确校内导师必须参与到专业学位研究生校外实践的过程中，必须站在研究生培养的高度上，统筹校外导师的指导工作。最后，完善导师评价机制，将导师指导频率、指导作用、指导方式作为导师评价的基本指标，加强研究生评价与学校评价的结合力度，以此为提高专业学位研究生培养质量提供抓手。

### （四）明确校内导师与校外导师的职责

校内导师应在肩负专业学位研究生学业发展职责的同时，履行研究生在校外实践中的理论指导的职责，承担起学生素质培养、知识提升的义务。而校外导师除了应肩负学生实践能力培养、创新意识提升及专业技能传授等职责外，还应积极参与到专业学位研究生的校内学习中，应与校内导师共同参与研究生的项目、课题及研究等工作中。总而言之，高校应在确保校内外导师肩负本职职责外，肩负起"支持、协助彼此工作"的职责。高校与实习单位应将导师职责融入各自的管理制度中，以此破解校内外导师各自为营、各自为政的问题，提升校内外导师协同合作的质量，提升专业学位研究生培养的质量与内涵。

双导师制是解决专业学位研究生培养问题的关键抓手，是培养新时代复合型与应用型高级人才的重要手段。特别是在当前的研究生教育改革进程中，在我国建设研究生教育强国的大背景下，通过实施双导师制，校内导师与校外导师共同承担起导师"第一责任人"的义务，对于提升我国专业学位研究生培养质量，培养经济社会发展真正需要的人才，将会大有裨益。

# 第五节　专业学位研究生科研创新能力的培养

近些年来，我国多次发文强调要进一步加大研究生科研创新能力的培养力度。就目前的情况来看，高校学术性研究生科研创新能力的培养得到应有的重视，而专业学位研究生由于学科定位等多种原因，其科研创新能力的培养还处于探索阶段。加强专业学位研究生创新能力的培养，无论从社会发展、人才培养及个人成长方面都具有十分重要的意义。为扭转培养中出现的一些偏差，应坚持"理论学习—实践训练—科学研究"三位一体的课程教学理念和教学体系，实施四环节"梯度模式"培养方案，并在研究生教学、论文创新认定、课题规范化管理以及创新评价体系的完善等方面制定合理的保障制度，从而使专业学位研究生科研创新能力的培养落到实处，收到实效。

《国家中长期教育改革和发展规划纲要 (2010—2020 年 )》指出高等教育肩负着培养高素质创新人才的重要目标和使命。作为高等教育的最高阶段——研究生教育，更应当重视研究生创新能力的培养。为此，教育部多次发文强调提升研究生培养质量的重要性。比如，教育部办公厅在 2019 年发布《关于进一步规范和加强研究生培养管理的通知》(以下简称《通知》)，对研究生培养质量提出了更高的要求，指出培养机构为社会培养科研创新人才的重要性，以及研究生导师的责任。《通知》强调："导师是培养质量第一责任人，要把培养人放到第一位，既要做学术训导人，指导和激发研究生的科学精神和原始创新能力"。这里所说的研究生的科研创新能力，更多指向的是研究生运用所学知识、提出问题、分析问题，并具有创造性解决问题的关键能力，是研究生具有创新意识、科学思维、创新精神的综合素养的体现。目前，培养单位对学术性研究生培养要求较高，研究生经过三年系统的专业训练，其科研意识和科研能力普遍有所增强。但是，随着专业学位招生规模的不断扩大，专业研究生人数日益增多，而且大都偏重于应用性，对科研要求较低，因此，专业学位研究生的科研创新能力相对学术性研究生而言，显得十分薄弱，这也大大影响了研究生的培养质量。随着我国经济的日益腾飞、社会的快速发展，需要更多的高层次创新人才。高校能否培养出具备科研创新能力的复合型人才，不仅关系到高校研究生的培养质量，也关系到我国研究生教育的持续发展及在国际上的影响力。

# 一、实施专业学位研究生科研创新能力培养的意义

## （一）是我国未来社会发展对创新人才需求的必然回应

近些年来，我国在政治、经济、文化、教育、军事、外交、生态环境等领域都取得了突破性进展，国际地位日益提高。目前，我国发展的宏伟蓝图是到 2050 年赶超世界发达国家，建立一个具有高度的物质文明和精神文明的社会主义现代化强国，这就需要一批批具有创新创造能力的继承者和开拓者来实现。一个国家唯有创新，尤其是科技创新，才能占领经济制高点，在国际上具有发言权。我国是一个传统文化历史悠久的民族，也是一个不断创新、锐意进取、不敢落后的民族，因此创新意识、创新能力已经成为当前中华民族的一张名片，对各个领域创新人才的培养也是国家的导向和树立的一面发展旗帜。教育是一项伟大的育人工程，更需要为国家和社会培育出大量的创新性人才。专业学位研究生不仅要具有问题导向的思维能力，更要有解决实际问题的科学研究能力，可以说，深入探讨专业硕士科研创新能力的培养问题，是对国家

未来发展战略做出的一种基本判断和理性回应。

### （二）有利于推动研究生人才培养的整体质量

目前，我国已经步入了学习型社会，人才素质的高低更多以拥有多少知识和多强的创造力来作为衡量的一个重要尺度。新时代，迈向内涵式发展阶段的高等教育，对于高素质人才的渴求不只是满足于本科教育的阶段，更倾向于研究生阶段学生综合素质的培养。其中，专业硕士研究生队伍日益庞大，基于实践导向的研究生科研创新能力的强弱也是研究生人才培养的一个重要标志。我们通过现状分析，建立梯度培养模式，并从研究生课程教学、课程论文、课题研究、评价体系等方面建立有效的保障机制，不仅有利于专业硕士研究生科研能力的提升，也有利于发挥合力作用，从而进一步提升我国研究生人才培养的整体质量。

### （三）满足研究生个体发展需要，提高就业竞争力

在知识无限膨胀、更新周期不断缩短的情况下，研究生的职业更加不稳定，社会各个行业对人才的判断不再以"基础扎实""专业对口"来判断，而是更加关注一个人的综合能力，尤其是科研创新能力。这种变化对高校研究生培养什么样的人才提出了更高的要求。这就需要高校将人才培养定位于具有人文素养、创新能力的复合型人才的目标上来。积极探索并建构新的与社会发展需要、多元化就业趋势及其职业素养要求、智能化时代的工作技能要求的创新人才培养模式，为研究生未来走上工作岗位，谋求好的工作岗位打下了坚实的基础。

## 二、培养现状及"梯度模式"的设计思路

高校专业学位研究生大多经过本科阶段的专业训练，基本具备一定的课题研究和论文写作能力，但大多是因为课程学习任务过重或学习方法不当等诸多因素，以至于缺乏研究性学习的能力和自主创新的能力。以学科教学（语文）专业研究生毕业论文为例，尽管不乏文字优美的篇章，但论文写作中存在方方面面的问题，比如，知识面狭窄，选题没有新意，缺乏思维焦点和问题意识、领域意识；缺乏对选题研究现状的准确分析，缺乏搜集资料的能力与分析评价的能力；论文的研究对象和范围界定不明，搞不清到底想要表达什么问题；论文的内容要么空洞无物，要么内容庞杂和陈旧，不能解决所研究的问题；论文的研究方法缺乏，对于文献研究、案例研究、比较研究、调查研究等基本研究方法理解不到位，胡乱使用；论文行文格式不规范、语言表达不流畅，逻辑思路混乱，论文引用的资料不能支撑要证明的观点；论文的创新度不够，缺乏独立见解，东拼西凑甚至抄袭、剽窃行为比较严重等，致使本专业研究生的人才培养与社会需求脱节。由此可见，提升专业学位研究生的科研创新能力已成为当务之急。

依据我国专业学位研究生培养年限多改为三年的基本现实，笔者创造性地提出层次分明的梯度培养模式，以便在课堂教学和各类科研活动中逐步提升专业学位研究生的科研创新能力。"梯度模式"的层级目标依托具体的培养环节来实现，其层级目标之间不是孤立，而是具有承接性、递进性和叠加性等特点，在具体的操作过程中，也可以灵活变通而并非遵循唯一的参照模式。

在研究生培养阶段，要坚持"理论学习—实践训练—科学研究"三位一体的课程群教学理念和教学体系，把研究性教学作为梯度培养模式的前提，重在解决一些问题，即通过理论知识的学习促使研究生形成较强的问题意识，认识到学术探究与知识接受的不同以及在专业发展中的重要性，培养他们搜集文献和利用文献讨论问题的能力等。开展多样化的学术活动，尤其是任课教师要改变以试卷考试评定成绩的方式，积极倡导研究生撰写高质量的课程（学术）论文，其成果也是对先前知识经验的一种理论检验，重在培养他们用规范的学术语言来表述学习中发现的问题，形成初步的问题探究能力。对于课题研究的独立性问题，笔者认为高校应从反对指导教师过度参与和锻炼学生自主性两方面入手，鼓励学生课题选题应与毕业论文挂钩，与教育实践挂钩，制定突出专业研究生科研创新能力导向的毕业鉴定的规章制度，在综合实践中培养研究生的创新意识和提高独立解决问题的能力。

## 三、"梯度模式"实施方案

第一阶段：主要集中在第一学期、第二学期。高校研究生课程教学应打破知识灌输式的教学局面，以"解决问题—获取知识—解决问题"为循环发展的进阶路径，优化课程结构、知识体系，搭建研究生科研创新的平台。因此，通过遴选优秀指导教师，结合已有精品课程，推出2~3门以便于研究性教学为主的课程就成为首先要考虑的措施。在具体实施环节，可以依照"培养科研创新能力"为主线来设计教学，安排"撰写研究型读书笔记和文献综述""选题及拟论文提纲""撰写论文摘要、关键词""论文的语言组织与表达"等专题辅导讲座，布置配套书面作业等，并按其要求来备课。教师不只是讲授理论知识，更要给研究生提供参与实践的机会，多组织专题研讨、自主汇报活动课，教师在研讨主题（汇报主题）、搜集文献方法及问题解决路径等方面多为他们提供智力支持和指导。这些做法旨在让研究生由被动地接受式学习逐步转向主动的探究性学习。

第二阶段：主要集中在第三学期和第四学期。学校、学院层面要积极为研究生搭建有利于科研创新能力发展的学科平台及学术交流平台。比如，有针对性地开设一些研究方法课程，为研究生提供检索文献、搜集文献、分析文献及使用文献的方法；举办各类科技活动，为研究生的专业发展提供有效指导；提倡研究生备课，鼓励研究生参与各级专业能力教学竞赛，以研究促教学；组织研究生撰写课程论文、参与学术竞赛、读书报告会；鼓励研究生参加学术会议，借此机会可以获取前沿信息、拓宽视野、活跃思维；邀请高校专家、一线名师、教研员针对研究生课程（学术）论文创新方面的问题做专题报告，也可以组织研究生做校际考察与学术交流；发掘"学术小强人"，发挥学术榜样的激励作用，以此创造良好的科研氛围。通过激发研究生的科研兴趣，最终使他们具有初步的科研能力。

第三阶段：主要集中在第五学期。本阶段有部分研究生有考博的打算，因此高校应当以研究生考博为契机，搭建更多的学术平台，比如举办专业辅导讲座等，以激发他们的专业研究兴趣和研究动力。同时，开展研究生科研创新方面的毕业论文选题指导及开题报告会，制定"学术科研创新"的考核标准及评价指标和体系，尝试引入高层次成果的奖励机制，利用多样的考核方式，促使研究生主动提高科研创新意识和创新能力。为了扭转当前专业学位研究生在教育实践活动中存在形式化的弊病，高校应大力推动研究生培养"双导师"制度（高校导师和中小学实践导师）的落实，鼓励研究生参与校内外导师的各级课题，建议毕业论文选题与实践挂钩，并充分利用教育实践这一平台，提升研究问题的针对性和实效性的能力。同时，制定一套科研训练与课堂教学实践相结合的开题答辩、科研训练、实习鉴定以及学分认定等考核制度。

第四阶段：主要集中在第五学期后半段和第六学期。本阶段研究生毕业论文设计与成品展示作为研究生教育质量和人才培养目标能否实现的一次集中、全面的检测，其实施的前沿性、长效性受到了广泛关注。在此阶段，要重视研究生论文的开题指导、研究过程指导及创新度的指导，注重毕业论文的检测、送审及答辩环节的合理安排，要按照优秀论文的标准真正将优秀的毕业论文推出来，并按照学校对毕业论文的质量要求做出综合分析，尤其是要将论文的创新度作为评价的重点，这也是衡量高校办学质量和办学效益的重要标准。

## 四、"梯度模式"实施的保障机制

无论我们的人才培养模式设计得多么完美，如果没有一定的制度作保障，恐怕也难以达到应有的实践效果。笔者主要从研究生教学、论文创新认定、课题规范化管理以及创新评价体系的完善四个方面提出具体的保障措施。

### （一）实施研究生课堂教学的绩效评估

以创新能力的人才培养为导向的高校研究生课堂教学的效果如何，其判断标准不能一刀切、简单化，如认为讲课偏重理论就不利于研究生的创新能力培养，抑或课堂中有学生提问、讨论或探究就是创新性教学。作为创新性教学，应有的基本教学程序不可少，如教师的备课、学生的预习、师生的互动、课堂的检测及课后探究学生作业的落实与反馈等。在教学的绩效评估方面，考核的指标应当细化，包括教学目标的分层化、教学内容的探究化、教学组织的灵活化、教学效果的最优化等。打破过去以教学督导、同行评议为主的局面，选出研究生代表参与评价，甚至全员参与，突出学生在评价中的主体地位。

### （二）创立课程论文创新的认定制度

目前，很多高校在专业学位研究生人才培养方面，陷入了一个误区，大都认为专业硕士培养的是实践性人才，重在社会行业中的实际运用。因此，就出现课程教学与科研论文脱节的现象。师生大都认为课程是课程、论文是论文。课程考查也多是知识点的强化，而不是论文写作能力的训练。其实课程教学对科学研究的意义颇大，可以将平时作业和期末考试二者结合起来。如，在课程考查多是客观题和简答题，以试卷的形式出现，这种传统的考核方式不利于研究生的科研意识和创新能力的培养。笔者认为，研究生课程尤其是专业课的平时考查和期末考试，最好以课程论文的形式进行，这样可以鼓励研究生根据自己的研究兴趣、爱好来撰写相关论文。显然，培养单位要制定有选题指南、论文创新以及发表后的奖励等规章制度。

### （三）实施研究生课题的规范化管理

目前，很多高校有研究生课题的申报与实施工作，但课题的数量有限，资助的研究经费也不足，这一现状无形中制约着研究生科研训练的难度。因此，高校应当进一步加大课题立项的数量和资助经费的数额，使更多研究生有接受课题研究的机会。在课题管理方面，主持课题、参与课题的研究生，按照其贡献不同，可以给予一定的学分或奖励。同时，鼓励研究生多参与任课专业教师尤其是导师的课题研究，当然，参与老师的课题也应当有一定的标准进行量化计分。在研究生培养过程中，最好做到课题训练与毕业论文选题的一致，与社会实践相结合，更能发挥社会效益。对于研究生立项的课题与毕业论文挂钩，基于科研创新的角度，学校应给予一定的奖励或经费支持。在课题的规范化管理方面，只有做到统筹规划，才能发挥最佳效应。

### （四）构建研究生科研创新能力的评价体系

专业学位研究生的科研能力评价与学术性研究生略有不同，重在鉴定以实践导向的科研创新能力，关注点是他们是否具有自主学习的意识、持续的学习能力以及探求未知领域的能力，要彻底打破单纯以成绩来评定学生优劣的局面。研究生的科研创新能力的评定，需要综合考虑如下问题：是采用命题做论文的形式＋课题研究的形式＋科研训练与教育实习相结合的实习报告形式＋毕业论文答辩和毕业鉴定的形式？还是择其一二或其他形式更合适？如采用命题做论文的形式，专业性的题目谁来命题，评价标准如何保证公正合理？如采用课题研究形式，评审组如何通过课题认定每一位同学在科研创新方面的贡献？如何通过适当的评价语做出客观评定，作为学年评价和毕业综合评价的一部分，计入个人档案，以提升研究生进入职业和社会的竞争力等。如采用科研训练与教育实践相结合的实习报告形式，因研究生大都在各城市有关学校实习，校内导师和校外导师如何做到有效沟通？采取什么样的举措保证毕业论文的选题与资料来源与自身的教育实践相结合，且实现实践与研究的创新？如采用毕业论文答辩及毕业鉴定的形式，就需要借鉴欧美发达国家对专业硕士人才培养方面的先进经验，进一步建立和完善我国研究生毕业论文的审查、答辩以及复审的制度，从选题、研究目标、研究内容、数据分析、研究方法、资料运用等方面制定毕业论文的评审标准，尽量量化到三级指标，使其具有更强的可操作性。同时，要制定具有可操作性的专业硕士科研创新能力评价标准，经过三年系统的课堂教学与科研训练，从而全面提升研究生的科学研究和实践创新能力。

# 第四章 研究生专业学位培养方法

## 第一节 应用型高校专业学位研究生培养

专业学位研究生教育旨在培养"掌握某一特定职业领域相关理论知识、具有较强解决实际问题的能力、能够承担专业技术或管理工作、具有良好职业素养的高层次应用型专门人才"。与学术性研究生教育相比，专业学位研究生教育更加注重培养学生的专业实践能力、技术应用与创新能力和解决复杂实践问题的能力。1991 年设置首个专业学位至今，我国专业硕士研究生教育已有近 30 年的历史，"2017 年专业学位硕士招生占比已达 56.9%"，已逐渐形成了学科覆盖面广、具有一定规模和特色的专业学位研究生教育体系。2019 年 2 月，《国家职业教育改革实施方案》出台，明确指出要"完善高层次应用型人才培养体系……畅通技术技能人才成长渠道，发展以职业需求为导向、以实践能力培养为重点、以产学研用结合为途径的专业学位研究生培养模式，加强专业学位硕士研究生培养。推动具备条件的普通本科高校向应用型转变……"，这一实施方案的颁发意味着作为培养应用型人才的重要教育机构，应用型高校也将成为专业学位研究生培养的重要机构和阵地。在教育高质量发展的新时代，应用型高校提升专业学位研究生培养质量已成为各高校和学术界一致关注的焦点和热点。

### 一、专业学位研究生培养质量的现状审视

专业学位研究生教育产生于美国，源于美国经济社会发展对高水平应用型人才的大量需求，在我国的发展历史较短。随着我国经济社会的快速发展，尤其是随着国家经济转向"脱虚向实"的发展轨迹，专业学位研究生的教育受到了来自社会各界的关注和重视，国家也陆续出台了《关于开展深化专业学位研究生教育综合改革工作的通知》（教研司〔2015〕9 号）《教育部关于加强专业学位研究生案例教学和联合培养基地建设的意见》（教研〔2015〕1 号）及《教育部、人力资源和社会保障部关于深入推进专业学位研究生培养模式改革的意见》（教研〔2013〕3 号）等政策文件，推进专业学位研究生教育的综合改革，提升专业学位研究生的培养质量。在国家、政府、专业

学位研究生教育开设高校及企业等多方主体协同合作和努力下，我国"专业学位研究生教育独特的培养模式逐渐形成，优势逐渐显现，生源质量明显好转，培养质量稳步提高，社会认可度也逐年提升，专业学位研究生的满意度上升，甚至超过学术学位研究生"，2012—2018年"专业学位研究生满意率连续五年高于学术学位研究生"，2018年"专业学位研究生对研究生教育的总体满意率为72.0%，比2017年提高了0.7百分点"。总体来看，国家政府无论在顶层设计方面，还是在具体落实方面，我国专业学位研究生的教育和培养都取得了巨大的成就和突破，为我国经济社会发展提供了丰富的人力支撑和智力支持，在国民教育体系中扮演着重要的角色。但不容忽视的是，在专业学位研究生培养质量提升方面仍存在诸多问题和不足，主要表现在培养目标模糊化、培养机构单一化、培养过程理论化和培养效果同质化等方面。

第一，培养目标模糊化。与学术型研究生教育相比，我国专业学位研究生教育存在起步晚、发展慢的先天不足，长期以来处于借鉴、学习和模仿探索阶段。尽管我国相应的政策文件对专业学位研究生教育的人才培养规格和目标进行了解读和说明，但由于政策文件只是对普遍意义上的专业学位研究生培养目标进行了粗略勾勒和陈述，使得专业学位研究生教育的培养目标模糊不清，不同的专业学位研究生培养单位对专业学位研究生教育的培养目标有不同的认识和理解，对专业学位研究生培养的岗位能力标准缺乏深入的研究和探索。这根本上导致专业学位研究生培养存在严重的路径依赖弊端，带有很强的学术学位研究生培养痕迹和烙印，自身特色不鲜明，影响其社会认可度和吸引力的提升。

第二，培养机构单一化。从我国专业学位研究生培养的主体看，高校是专业学位研究生培养的重要主体，行业企业参与不足。专业学位研究生培养的目的是满足区域经济社会的发展需求，需要充分关照和考虑区域企业的人才需求和市场变化。作为高水平应用型人才的需求方，企业深入参与专业学位研究生培养是提升专业学位研究生培养质量的重要策略和手段。从我国专业学位研究生培养的现状看，高校在专业学位研究生培养中发挥决定性作用，企业参与专业学位研究生的培养多流于形式，对专业学位研究生技术指导和学术支持的深度和力度均极为不足，在一定程度上削弱了专业学位研究生教育的实践属性和职业属性，难以达到培养高水平应用型人才的教育预期。从专业学位研究生培养机构的类型看，学术型高校和综合型高校是我国专业学位研究生教育的重要机构。由于我国专业学位研究生教育发展的历史尚短，兼之学术型高校和综合型高校长期以培养学术型人才为目标，对高水平应用型人才培养缺乏足够的经验和深入的研究，使得其在进行专业学位研究生培养中难以摆脱学术型人才培养模式的窠臼，直接影响着专业学位研究生的培养质量和特色。

第三，培养过程理论化。实践导向是专业学位研究生培养的重要特征和依据，即专业学位研究生教育的培养重点在于提升学生的专业实践能力和工程实践能力。这也意味着专业学位研究生培养的整个过程需要围绕学生的实践能力提升予以开展，一切理论知识的学习、规范学术训练活动的开展及其他形式的学习训练等均应以学生技术实践能力的提升为核心，以培养真正能帮助企业解决实际困难和技术难题的高水平应用型人才为目标。而当前我国专业学位研究生培养过程的理论化倾向较为严重，直接造成学生的实践能力和现场应变能力不足。一是专业学位研究生的课程体系缺乏实践性和综合性。课程是人才培养方案实施的具体体现，也是提升人才培养质量的重要抓手和载体。"增强实践性是课程体系建设的关键……是科学构建全日制硕士专业学位研究生教育课程体系的前提。"当前，我国专业学位研究生的课程体系大多沿袭了学术型研究生的课程体系——以知识讲授的理论课程占据较大比例，而偏向实践和应用的活动课程所占比例较小，严重影响专业学位研究生专业实践能力和综合实践能力的获得。二是校内导师在专业学位研究生培养中占主导地位。校内导师和校外导师协同指导专业学位研究生的"双导师制"是我国专业学位研究生培养普遍采用的培养模式。校内导师主要负责理论指导，校外导师主要负责专业实践和工程实践指导。在专业学位研究生培养的过程中，校外导师的参与积极性普遍不高，多数仅为挂名，并不参与研究生的培养过程。专业学位研究生的培养过程仍是校内导师占主导地位，研究生培养的理论化倾向明显，其实践能力的获得难以得到保障。三是专业学位研究生的毕业成果形式理论化倾向明显。大部分高校对专业学位研究生毕业成果的要求仍然以学位论文为主，而对参与实际工程的水平和实践能力未进行要求和考核。这就造成专业学位研究生培养过程与其培养目标存在巨大差距，即现有的专业学位研究生培养过程难以培养出满足经济社会发展需求的高质量应用型人才。

第四，培养效果低质化。从培养类型看，专业学位研究生培养结果与学术型研究生的培养结果同质化倾向明显，实践特色和服务区域经济社会发展的能力不足。基于学习—产出的教育模式（Outcomes-based Education，OBE），专业学位研究生培养过程中所进行的理论学习及实践实习等教育活动都直接影响着专业学位研究生的培养结果和质量。当前，在课程体系、师资队伍及毕业成果要求等方面，专业学位研究生教育的与学术型研究生教育并未存在明显差异，因此专业学位研究生教育培养的应用型人才和学术型研究生教育培养的学术型人才在知识结构和能力结构方面并不存在显著差异。从培养目标看，专业学位研究生培养结果与区域企业需求存在一定差距。专业学位研究生教育旨在培养具有一定学术研究能力和思维水平的高层次应用型人才，以解决实际工程问题和技术难题，不断推进企业技术的升级迭代和创新。由于我国专业学位研究生教育尚处于探索发展阶段，实践性和协同性不足，尚未形成特色化的教育模式。理论色彩依旧浓厚，这在一定程度上造成了专业学位研究生的专业实践能力和综合实践能力不足，难以真正解决工程实践问题，难以促进高水平的服务区域产业调整和企业技术革新。

# 二、应用型高校培养专业学位研究生的实现逻辑

随着我国教育改革的持续深入和教育高质量发展时代使命的不断强化，高等教育分类发展和转型发展成为我国高等教育治理成效的重要体现，应用型高校将逐渐在国民教育体系中占据重要位置。《国家职业教育改革实施方案》已明确指出"到2022年，职业院校教学条件基本达标，一大批普通本科高等学校向应用型转变"，这也意味着应用型高校将是未来一段时间重点发展的高校类型。基于专业学位研究生培养质量现状与培养目标之间的巨大差距，及应用型高校的独特性，应用型高校开展专业学位研究生的教育，培养高层次的应用型人才符合教育发展规律和人才成长规律。

## （一）目标合一：高质量应用型人才培养

培养高层次高质量的应用型人才是应用型高校和专业学位研究生教育的共同目标和一致追求，是应用型高校开展专业学位研究生教育的逻辑必然和实际需求。与学术型高校旨在培养探索发现事物发展规律的学术型人才不同，应用型高校的目标则是培养致力于知识和技术应用与创新的应用型人才，注重将已有的成熟知识、理论和技术应用于实际工程问题和生产生活难题上，将其转化为可以产生经济效益和社会效益的实际生产力，强调现有知识和技术对实践领域的改造和革新。自产生起，专业学位研究生教育便担负着为经济社会发展培养高层次应用型人才的使命，也即专业学位研究生教育的时代任务是培养立足实践，服务实践，运用科学理论、技术和方法解决工作中存在的实际困难的实践导向型的专业人才。基于此，应用型高校大力开展专业学位研究生教育，加强专业学位研究生培养是应用型高校拓展服务范围、发挥服务优势、提升专业学位研究生培养质量的必然选择，也是新时代教育改革的应有之义。

## （二）主体多元：政校企多元主体协同育人

随着教育供给侧改革的逐步深入及应用型人才培养力度的逐渐加大，学校作为传统单一的人才培养主体的局面将得到根本性的扭转。一方面是由于提升人才供给质量的重要前提，是加强对市场的人才需求的了解和把握；另一方面在于行业企业在改革发展的过程中蕴含了巨大的教育资源，包括人才资源、技术资源和设备资源等。自产生起，应用型高校立足于高校本身的教育资源，同时积极吸收和借助政府及企业等外界优质资源推进学校人才培养、专业建设和课程改革。这是应用型高校建设发展依赖的重要模式，也是培养高质量专业学位研究生的必然要求。培养满足区域经济社会发展需求的知识和技术应用型人才是应用型高校建设发展的重要目标，这必然需要将区域行业企业纳入应用型人才培养主体的范畴，积极听取行业企业关于应用型人才数量、规格及素质结构等方面的需求和建议，通过体制机制创新和政府支持等方式主动将企业的人力资源、先进设备和空间资源等纳入应用型高校人才培养的支撑体系。因此，

在应用型高校的建设的发展和人才培养过程中，尤其注重同企业和政府等多元机构的沟通和联系，使各个不同利益主体发挥自身的优势和价值，以此保持应用型高校的活力和吸引力。从专业学位研究生的培养现状可以发现，单一的高校培养主体容易造成研究生培养陷入同质化和理论化的"泥淖"，难以与行业企业的应用型人才需求相对接和匹配，造成市场就业结构性矛盾和大量教育资源浪费等社会和经济问题。这就必然要求将企业技术骨干和专家、先进设备及企业技术难题等企业资源及政府的经费支持和政策支持等政府资源纳入专业学位研究生培养的全过程，使专业学位研究生能够全面深入地参与到实践项目和工程中，从而保证将专业学位研究生培养成不仅具有丰富多元的知识结构，同时还具有较强的实践动手能力及深入分析判断、独立思考、处理复杂问题能力的应用型人才。

### （三）过程融合：理论为基，凸显实践

应用型高校的人才培养过程不仅需要培养主体提供精深的专业知识和多学科交叉融合的跨界知识，同时需要培养主体提供具有情境性和真实性的实践活动和实践项目，使学生能够在具体的工作环境中将已习得的知识应用于实际工程项目，高效解决企业的工程或技术难题。因此，在应用型高校的人才培养过程中，要不断促进学生理论知识的积累和知识体系的构建，同时要加强实践性课程、活动和项目的设计和安排，增加学生将理论知识应用于实践活动及以理论知识解决实际技术（工程）难题的机会，提高学生的实践动手能力。应用型高校的人才培养过程是理论与实践相结合，凸显实践的教育教学活动，是一种为了实践、关注实践、与实践中的知识和技术应用的过程，反映了应用型高校人才培养的融合性和实践性特征。专业学位研究生教育的属性决定着专业学位研究生的培养过程是一种教育的综合，是理论与实践的统一，是一种基于理论知识授受之上的实践性教育教学活动。"研究生"的身份属性意味着该类型的教育更加注重培养学生的研究能力、独立思考能力和分析问题能力，需要丰富的专业理论知识和多元知识体系为基础；"专业学位"意味着该类研究生的培养重点和目标是实践能力和职业技能，未来从事的职业需面向实际工程领域或工作领域，以解决实际技术或工程难题。通过以上分析，可以看出应用型高校培养专业学位研究生的过程是理论与实践融合统一的过程，且实践活动具有突出地位。"长期以来，教学论的发展始终有一条或明或暗的线索：理论教学论是教学论研究的主流，实践教学论是教学论研究的补充。然而真正教学论研究的生命力和生长点却在实践教学论。"因此，应用型高校专业学位研究生的课程设计、师资力量配置及考核评价过程都需要围绕学生的理论知识积累和实践能力提升予以开展，尤其需要凸显整个教育教学活动的实践性和学生解决实际技术（工程）问题能力的提高。

### （四）效果双维：实践性与服务性并进

在我国，无论是应用型高校还是专业学位研究生教育，历史都不长，并且两者都处于探索发展阶段，均未形成成熟的发展模式和体系。但是，从应用型高校和专业学位研究生教育的目标分析，实践性和服务性是评价考核应用型高校培养专业学位研究生效果的重要维度。实践性维度重在考核应用型高校专业学位研究生培养的实践性课程在整个课程体系中的比例，以及实践性教学活动开展情况，企业参与实践性教学活动的方式、频度和深度，学生解决实际工程或技术问题的能力及毕业条件的实践性要求等，突出表现为专业学位研究生在理论知识的指导下根据实际工程或技术问题所展示出的较强的资料收集能力、逻辑分析能力、独立思考能力、实践动手能力和问题解决能力。实践性维度不仅体现了应用型高校在人才培养方面的特色，也展示了专业学位研究生培养的质量和水平。"现代一切知识都具有情境性、跨学科的性质"，而实践正是创设和显现知识情境性的主要载体和方式。也就是说，应用型高校培养专业学位研究生源于实践发展创新需求，贯穿于实践项目开展，止于实践问题解决。服务性维度则着重评价应用型高校专业学位研究生的社会认可度及对区域经济社会发展和企业技术改革创新的贡献度。与学术型高校和学术型人才对社会贡献度的评价周期较长和评价难度大相比，应用型高校及专业学位研究生对企业技术改革创新和区域经济社会发展贡献度的评价难度相对较小，评价周期相对较短。这主要因为高层次应用型人才所从事的工作多为阶段性技术或工程问题，具有针对性、可测量性和固定周期性等特征。可以说，服务性是应用型高校和专业学位研究生教育提升自身社会认可度和吸引力的重要因素，应用型高校培养专业学位研究生需要在服务区域社会经济发展过程中不断彰显自身价值，需要在服务企业技术改革创新中获得社会资源和支持。应用型高校培养专业学位研究生须将社会服务能力和贡献度作为重要的评价指标，将服务理念贯穿于专业学位研究生培养始终，将服务标准与培养标准相对接，将服务能力和质量与教育效果相对接，以凸显应用型高校培养专业学位研究生的优势和契合性。

## 三、应用型高校提升专业学位研究生培养质量的实现路径

在国家大力发展实体经济拉力、国家经济社会转向高质量发展推力及高等教育纵深改革压力的多重作用下，大力发展应用型高校，提升专业学位研究生培养质量，培养一大批适应社会经济发展需求的高层次高质量应用型人才是缓解经济、社会及教育矛盾和压力的重要方式，是构建新时代人才体系和教育体系的必然选择，也是提升应用型高校核心竞争力和专业学位研究生教育的吸引力的重要途径。基于此，应用型高校提升专业学位研究生培养质量的路径需从以下几个方面着手：

### （一）以应用型人才培养为目标，坚持知识和技术应用与创新理念

理念是影响人们行为选择和价值判断的重要因素，直接规制着事物的发展走向和演变趋势。应用型高校建设和专业学位研究生培养的目标统一于高水平应用型人才培养。应用型高校肩负的人才培养、科学研究、社会服务和文化传承等责任都需要高水平的应用型人才方可得以实现；专业学位研究生培养作为应用型高校人才培养的重要组成部分，也必然需遵循高水平应用型人才的能力结构和标准开展教育教学活动。这也意味着应用型高校专业学位研究生培养要达到高质量的标准和目标，需要在教育教学过程中始终坚持知识和技术应用与创新的理念。一方面，应用型高校应将"知识和技术应用与创新"的理念作为校园文化的重要部分进行宣传和弘扬，成为应用型高校师生进行教育教学的重要价值指导。尤其是促使专业学位研究生能够自觉树立"应用为本"的理念，主动将所学的知识和技术与当前国家或区域企业技术或工程难题相对接融合，进行深入思考与研究，并尝试提出创新性的方案和措施。另一方面，应用型高校应将"知识和技术应用与创新"的理念作为教师评聘的重要标准。培养高质量高层次应用型人才，教师不仅要具有丰富的知识储备，还要能够将专业知识体系和跨学科知识结构与专业学位研究生自身已有的知识体系和应该具备的能力结构相对接，保证专业学位研究生掌握与专业相关的丰富知识，同时能够将专业知识顺利转化为解决问题的能力和素质。最后，应用型高校应将"知识和技术应用与创新"的理念作为课程与教学改革的重要基础。课程与课堂是践行"知识与技术应用与创新理念"的重要阵地。应用型高校在提升专业学位研究生质量的过程中需要从知识和技术应用与创新的视角对专业学位研究生的理论课程和实践课程进行整合优化，迭代创新，对课堂进行项目化设置和开展，保证学生所学的理论知识和技术能够直接与实践项目相对接融合，从而实现专业学位研究生实践应用能力与水平的获得与提高。

### （二）以实践育人共同体为桥梁，构建多主体协同育人机制

当前我国专业学位研究生培养的机构主要是高校。无论是学术型高校还是应用型高校、行业企业、科研机构参与和政府项目支持是专业学位研究生培养的关键。应用型高校在建设发展过程中探索出"产教融合、校企合作"的发展模式和人才培养模式，旨在形成多主体协同育人的新模式和新机制。应用型高校在提升专业学位研究生培养质量的过程中，一方面，需要加强与行业企业、科研机构等的深度合作与协商，充分利用行业企业的先进设备、实践场所和优秀人力资源，共同围绕行业企业的技术或工程难题开展深入的合作研究和技术研发，使专业学位研究生能够情景化场域中获得专业知识和技术及实践应用能力。另一方面，要增进与政府等相关部门的交流与沟通，使政府通过政策、制度及资金等行政力量为应用型高校专业学位研究生的培养提供支持和保障，切实提升专业学位研究生的培养质量。应用型高校通过加强与行业企业及

政府等相关主体的合作沟通，有利于形成以高校、行业企业和政府等为利益相关者的实践育人共同体，并在协同育人过程中建立起共建、共育、共担、共享的多元主体共赢机制。一是高校、行业企业及政府等实践育人共同体需要明确实践活动和项目在提升专业学位研究生培养质量中的价值和作用，提高对实践性教育教学活动的重视度和关注度，落实和增强专业学位研究生教育的职业性、实践性和综合性。二是需要明确实践育人共同体各自的权责利边界和关系，使各育人主体都能够围绕专业学位研究生的实践能力和技术能力高效地开展自身职责范围内的事情，同时注重彼此之间的合作与沟通，共同解决和克服实践育人过程中的困难，从而真正发挥多主体协同育人的优势。三是需要建立系列可行性的制度和政策，保障和规范各育人主体实践活动和项目开展情况，将专业学位研究生实践活动质量落到实处，切实提升专业学位研究生将知识和技术转化为实际生产力的应用能力和创新能力。

### （三）以实践性教育教学活动为核心，形成实践导向的人才培养模式

作为专业学位研究生培养的核心和关键，实践应用能力的获得必然需要实践性教育教学活动作支撑。这也意味着在专业学位研究生的培养过程中，实践活动应贯穿人才培养的始终，实践导向是专业学位研究生培养的重要理念和模式。一方面是加强实践性教育教学活动的情景性和体验性。实践性教育教学活动的情景性强调教学活动开展场所的真实性和内容的真实性，也就是说专业学位研究生培养过程中的实践活动应是真实情景中的真实设备、工作环境和文化影响，而非模拟或仿真的环境和设备。情景性的实践活动有利于专业学位研究生真实感受实际工作中可能遇到的各种困难和问题，有利于学生发现企业在技术应用、改革与创新中存在的不足和弊端，为专业学位研究生确立未来的研究方向和发展目标奠定基础，激发学生深入探索和研究的欲望与热情。实践性教育教学活动的体验性关注学生是以工作为主体的身份参与到实践工程或项目中，是"基于工作的学习"，而非以往的"合法的边缘性参与"身份进行的实践活动，是将实践活动作为自身的任务或职责的一部分进行的实践和探索，有利于学生主体身份和主人翁意识的确立，激发学生对自身工作的认同感和使命感。另一方面是强化案例教学模式。"案例教学可从知识来源多元化、知识转化情景化和知识迁移实践化三方面促进教学效果的提升。"专业学位研究生教育的属性决定着该类研究生不仅应具备丰富的知识储备和相当程度的学术研究能力，同时也需要具备实践应用和创新能力。这也意味着在专业学位研究生的教育教学过程中需要融入理论、实践和研究三方面的要素，而实践应是教育教学活动的重要呈示方式。案例教学将教学、实践和研究有机融合，以真实的案例为基础，以问题为教育教学的切入点，通过学生的讨论和实践来提升学生技术应用和问题解决的能力。案例教学法将学生的实践能力按照一定标准进行划分，教学内容以案例为单位，将理论、实践和研究等内容进行整合，并通过

演示和实际操作的方式进行验证和强化，有利于在增强专业学位研究生实践能力的基础上提升其理论水平和研究能力。

### （四）以多维评价为手段，彰显多元价值与效果

评价是促进教育质量发展的核心因素和动力，评价维度是影响应用型高校专业学位研究生培养质量的重要因素。与学术型高校培养学术型研究生重点关注学生研究和分析能力维度不同，应用型高校专业学位研究生培养质量评价不仅需要关照专业学位研究生的学术研究能力，还应凸显专业学位研究生培养的特色和行业属性，注重实践应用能力和社会服务能力等维度的评价和考查。"不同的专业学位面向的行业不一样，即使在同一行业中不同领域的基本要求也不一样，评价标准也不相同，所以需要多元多维评价。评价要更加多样，更加面向需求。"因此，在对应用型高校专业学位研究生培养质量评价之前需多元主体参与，构建多维评价指标，并以评价所具有的倒逼功能提升应用型高校专业学位研究生培养质量，提高服务区域经济社会发展的能力，发挥高质量教育的经济效益、社会效益和生态效益等。一方面，应用型高校专业学位研究生培养质量评价需将政府、行业企业、高校、学生及第三方评价机构等多元主体纳入评价主体范围之内。政府是专业学位研究生教育的举办者，有权利和义务对应用型高校的培养效果和质量进行验收和检验，并能够根据评价结果来制定政策及提供资金等方式进一步提高应用型高校专业学位研究生培养质量；行业企业作为专业学位研究生的重要需求方，可根据自身需求对应用型高校的人才培养结果进行评价，从而明确应用型高校在培养专业学位研究生方面存在的不足和需要改进的地方，并提供相应的建议和支持，确保专业学位研究生的数量和质量供给方面与行业企业需求相匹配；应用型高校作为专业学位研究生的培养机构，通过自评可以发现自身不足及质量提升的制约因素，从而提出针对性的整改方案和措施；第三方评价机构具有丰富的评价经验，可根据制定的评价指标客观公正地对结果进行评价，并提供多样化的方案和措施，从而促进专业学位研究生培养质量的提高。另一方面，应用型高校专业学位研究生培养质量评价维度需涉及学术研究能力维度、实践应用能力维度、社会服务能力维度和可持续发展能力维度等。学术研究能力强调专业学位研究生发现问题、分析问题和解决问题的能力；实践应用能力强调专业学位研究生以所学知识和技术解决实际工程或项目问题的能力；社会服务能力则强调专业学位研究生专业结构和能力结构与区域产业结构和需求结构的匹配程度和契合程度；可持续发展能力则关注专业学位研究生综合素质和非专业能力的发展情况，关注他们今后的职业发展质量，是评价专业学位研究生质量的必备指标。

# 第二节　专业学位研究生创新能力培养

实践能力和创新能力培养是专业学位研究生教育的重要内容，也是考核专业学位研究生培养质量的重要指标。我国专业学位研究生培养仍然存在"重理论、轻实践、缺创新"的问题。《教育部关于做好全日制硕士专业学位研究生培养工作的若干意见》中指出："专业学位研究生培养目标是掌握某一专业或职业领域坚实的基础理论知识和专业知识、具有较强的解决实际问题的能力，能够承担专业技术和管理工作、具有良好的职业素养的高层次应用型专门人才"。如何提高专业学位研究生的实践能力和创新能力，是值得探讨的问题。本节以地质工程专业学位研究生的培养为例，探讨专业学位研究生实践创新能力培养模式。

## 一、我国全日制专业学位研究生实践创新教育存在的问题

研究生教育培养模式和课程体系不够合理。研究生培养过程理论方面培养偏重，实践环节较少，目前的学生从中小学到大学再到研究生，接触社会与生产单位较少，实践能力、创新思维方面锻炼欠缺。此外，一些研究生培养方案比较粗放，缺乏专业性和特色。另外，在课程设置方面缺少案例分析和案例库建设。在培养环节方面，按照统一的培养模式，存在"走过场"的现象，实践创新能力培养没有针对性，严重影响了研究生实践创新能力的培养质量。

专兼职结合的导师团队建设不足。全日制专业学位研究生培养需要重视实践能力和创新能力的培养，更注重应用理论知识在实践中的应用能力，既要求有学术性，又要求有实践应用性。传统的单一导师负责制的培养模式不利于学生实践创新能力的培养，因而更需要有理论和实践多方面知识经验的多个导师形成的导师团队进行培养。此外，目前高校在人才引进过程中只强调高学历，造成校内导师理论水平高，在工程实践方案经验不足，专兼职相结合的导师队伍建设不够等问题。

学术创新氛围不浓。有些高校缺少必要实验条件和科研平台，研究生很少有机会参与创新研究，大部分研究生的毕业论文缺少原创性，缺少高水平的论文和成果。有些高校学术氛围不浓，研究生参加的学术会议机会较少，不能够及时了解学科前沿和行业发展的要求，学习过程存在"闭门造车"的现象，影响了研究生创新能力和实践能力的培养。

传统的教学模式阻碍研究生创新思维的激发，课堂教学方法注重知识的灌输，缺乏创新能力的培养训练。传统的培养模式中教学方法以知识传输为本位，研究生主动思考、主动创新的意识和能力没有得到锻炼和培养。

有些高校缺少实践基地，和大型企业合作较少，研究生培养过程利用理论知识解决实际问题的实践锻炼机会较少，这些都不利于研究生创新能力和实践能力的培养。

## 二、研究生实践创新能力培养的措施

设置合理的人才培养方案和课程体系。专业学位研究生培养方案要形成以实践能力和创新能力培养为重心的人才培养模式，更要强调创新能力培养的指引意义，按照学术型和专业学位型研究生进行分类培养，专业学位型研究生培养应注重学生的应用能力和实践创新能力的提升，人才培养方案制订时应从课程设置、实践环节、文献综述与开题、论文选题、论文答辩等方面来强化实践能力和创新能力的培养。

建设高水平导师团队。建立理论知识和实践经验丰富的高水平的研究生导师团队，改变目前单一导师负责制的培养模式，解决研究生实践创新能力差、学术思路狭窄的困境，研究生导师团队可以由相同学科和专业的导师组成，也可以由不同学术背景、不同学科和专业的导师或企业优秀人才组成，尽可能拓展研究生的视野和研究思路，激发研究生的创新意识，锻炼研究生的创新思维，提高研究生的创新积极性，加强专业学位研究生的实践创新能力培养。为探索导师团队指导研究生的培养模式，优化导师资源，注重培养团队意识，形成的"导师团队模式"可有效利用学术梯队人才互补的优势，形成高水平的导师团队指导研究生的培养模式。

营造创新的学术环境。创新能力的培养离不开适合创新的环境和学术氛围。可通过学术沙龙、学术报告、学术论坛等形式，为研究生提供学术交流平台，激发研究生参与学术研究的积极性。通过学术交流活动，有利于研究生了解相关学科领域的前沿动态，增强研究生对学术探索的兴趣。

改革课堂教学方法。增加案例库教学内容，结合教师的科研项目，将科研项目中的科学问题进行分解，教学过程中采用"提出问题、探究性学习、解决问题"方法，增强研究生学习探索的主动性，提高研究生实践创新能力。具体在教学实施过程中，可通过教师的引导和启发，由研究生自己查阅文献资料，自己组织开展专题研讨并对问题进行理论研究和实验探索，最后由研究生自己提出解决问题的方法，得出结论，教师在整个过程进行指导和引导，最后进行点评。通过这种教学方法，通过研究生亲自参与完成实际的科研项目，研究生的科研兴趣和创新灵感得到激发，解决实际问题的能力和实践创新能力都逐步得到提升。

强化野外实践环节和实践平台建设。高校可以联合企业、政府部门进行深度合作，建设研究生实践创新基地，充分利用基地合作单位的人才资源、实验设备和实验条件、科研平台等优势，探索并建立校企合作共同培养研究生的模式，开展产、学、研的协同创新，促进专业学位研究生创新能力培养过程各种资源的高效整合，提升研究生实践创新能力培养。

改革考核评价方法。通过加强学校、用人单位和行业部门共同参与的研究生培养和全过程的考核评价机制，邀请行业企业高级技术人员、研究生企业导师共同参与研究生的人才培养方案制订、课程计划和课程内容的设置，优化课程体系，使课程体系与生产实践、社会发展需要紧密结合。要求专业学位硕士研究生论文选题、开题、中期考核过程均有实践经验丰富的企业高级技术人员和用人单位参加，毕业论文撰写由校企双导师共同指导，毕业答辩过程邀请行业高级技术人员参加，通过研究生培养全过程考核来强化创新能力和实践能力的培养。

实践创新能力的培养和提高是专业学位研究生培养的核心任务，也是我国建设创新型国家的需求。研究生实践创新能力的培养是一个系统工程，任何单一的培养方式效果都有一定的局限性，而且，不同学科和专业的专业学位研究生实践创新能力培养的途径不尽相同，本节针对地质工程专业学位研究生实践创新能力培养模式的探索还需在实践中不断改进和完善，结合时代的发展灵活运用，才可在我国专业学位研究生实践创新能力培养中起到一定的积极作用。

# 第三节　智能时代专业学位研究生创新能力培养

大数据和机器智能的出现，对高校设计专业研究生创新能力培养的影响是全方位的。智能化也会给整个社会带来巨大的冲击，尤其是在智能革命的初期。因此，在"智能时代"开始的时候，需要积极面对，研究适应"智能时代"的设计专业研究生的创新能力的培养策略。

习近平总书记在 2018 年 10 月 31 日中共中央政治局集体学习时强调："人工智能是新一轮科技革命和产业变革的重要驱动力量，加快发展新一代人工智能是事关我国能否抓住新一轮科技革命和产业变革机遇的战略问题。要深刻认识加快发展新一代人工智能的重大意义，加强领导，做好规划，明确任务夯实基础，促进其同经济社会发展深度融合，推动我国新一代人工智能健康发展。"显而易见"智能时代"的到来是设计专业学位研究生教育改革面临的重中之重。人大代表雷军在 2018 年两会期间，建议伴随着消费升级的大趋势，全面提升中国制造乃至中国设计的品质，才能打造具有世界级声誉的中国品牌。以信息技术为基础，互联网为保障的艺术设计教育，需要和企业紧密合作，设定一个比较完整的实践创新流程，实践中基于设计专业学生反馈对教学设计进行迭代，不断调整人才培养方案以提升学校与企业合作质量。本课题分析专业学位研究生实践创新能力的培养现状，并在此基础上提出相应培养策略，顺应了"智能时代"推动设计专业研究生教育改革。

# 一、"智能时代"设计专业学位研究生创新能力培养的现状

实践创新能力是设计专业学位研究生的核心能力，一直备受教育界瞩目。本课题以"智能时代"设计专业学位研究生实践创新能力为研究对象，详细分析"智能时代"实践创新能力的理论内涵和构成要素，为设计专业学位实践创新能力的培养提供了必备的理论依据和参考。

## （一）国内研究现状及趋势

（1）关于设计专业学位研究生创新能力培养途径及其重要性的研究。李慧娜等提出，国家兴旺离不开民族进步的灵魂和创新，现阶段中国正处于人工智能技术迅速发展时代，这样的时代背景下在教学中必须认识创新人才的培养目标和重要性，要树立技术创新、知识创新的先决优势，为培养艺术设计人才教育环境提供动力。郭晓等认为，艺术硕士的设置是出于对艺术教育特殊规律的认知，想象力是艺术学科的关键，这就更需要社会实践，实践为先。辛艺峰等认为，分别以华中科技大学和深圳大学艺术设计研究生培养为例，提出艺术设计专业学位研究生实践创新能力培养的途径，即创新实践教学平台建设、鼓励学生参与设计竞赛、艺术创作实践成果展示，以此激发艺术硕士参与专业设计创作实践，提升创新能力。提出"智能时代"教育教学中创新人才培养的有效途径即"智能时代"教学方法的转变，形成以学生创造性发展为本的管理模式；形成具有创新性；研究性的学习教学过程；形成"智能时代"下创新人才为主的教学评价体系。邓凡认为，"与众不同"：人工智能时代大学人才培养的价值取向，培养学生的创造性思维，培养学生的批判性思维，培养学生的系统性思维，培养学生的科技素养、数据素养与人文素养，培养学生的跨文化敏感性；提出"使之与众不同"：人工智能时代大学人才培养的路径选择。

（2）有关设计专业学位研究生培养现状的研究。叶丽霞等认为艺术硕士专业学位研究生教育招生录取方式有待进一步改进、教学过程难以突出实践性、日常评估和毕业审核无明确标准，提出招生录取环节发挥导师作用、专业设置绑定文化创意行业、学位与相应职业衔接的办法。李慧娜等认为我国现在的教育教学理念还存在诸多不足，不能满足"智能时代"下创新人才培养提出的要求，主要表现在以下几个方面：教育教学理念落后、课程设置单一僵化、教学考核评价内容片面化、教育教学手段单一。

（3）关于设计专业学位研究生培养模式的探讨。王茜强调科学精神、人文素养、艺术创新和技术能力是艺术硕士专业学位（MFA）培养与管理的一贯宗旨。任绪斌、彭茹娜认为在人才培养过程中要注重招生把关与毕业鉴定相结合。在逐步智能化的新时代中，除了原始的教学方式，许多课堂教育应用方面的辅助工具被发明出来帮助学生的能力培养，但学生创新能力方面的培养仍然有所缺陷。从全中国总体教育来看，

现有的教学手段依然十分单一，无法实现在"智能时代"中全方位全方面培养学生能力。我国自改革开放以来，生产力迅速提升，逐步成为世界上的制造大国，但是在各个产业的创新方面仍略微落后于世界先进水平。习近平总书记曾经提出："机器人是制造业皇冠顶端的明珠，其研发、制造、应用是衡量一个国家科技创新和高端制造业水平的重要标志。"在目前十分单一的教学手段下，学生的创新能力难以被激发，也缺少不同教学辅助工具下对学生创新能力培养的科学实践经验。同时，多媒体教学、计算机辅助教学和网络教学等现代电子信息技术没有广泛、合理融入现有的教学活动，学生的兴趣爱好，特别是创新能力、特长专业也难以探明，因此无法对各类人才进行专项的培养。

### （二）国外研究现状及趋势

国外学者对该问题的宏观研究较少，主要集中在课程设置和教育方式两个方面。

（1）关于设计专业学位研究生课程设置的研究。George 通过对加州州立大学 1950 年和 2000 年艺术硕士专业学位课程设置的比较，分析加利福尼亚州的大学增加公共教育的学分数可能造成的问题，并提出可供解决的方案。Stacey 等通过对 136 名从事艺术设计专业研究的学者进行问卷调查，得出的结论是对于课程的学习和学生的就业来说，应用知识比基础知识更为重要。在大数据时代，我们获得的信息量越来越多，我"懂得也多，智慧却很少"正如迈克尔·帕特里克·林奇在《失控的真相》中所担忧的一样，我们分析和利用大数据的能力尚欠缺。林奇指出，"数据并不等同于信息"，并不是所有的信息都是有益信息，"人总是容易被表象所迷惑"，单纯的信息并不等同于知识，获取精准的信息也不等于掌握知识。所以，我们必须通过了解数据来源、解释和语境，从数据的洪流中筛选出可用的信息，通过数据分析找到数据之间的相关性，理解其意义，解释事实如何如此以及为何如此，而不是孤立地看到一堆数据，不去从中发现，去相互关联。我们要培养数据素养，需要运用批判性思维及系统性思维，理解信息的真正含义，由此做出精准的判断。

（2）关于设计专业学位研究生教育方式的研究。Crawford 等认为，专业学位教育应该在项目、成本、院系设置以及教学方式上适应新一代学生的需要，使学生能"随时随地"学习。Gregory 指出，应该让学生"随时随地"通过网络来完成学习。综上所述，以上研究为本课题的开展奠定了可借鉴的成果。但对"智能时代"设计专业学位研究生创新能力的培养尚处在探索阶段，不足之处有三：①缺乏对"智能时代"创新能力系统而全面的研究。②国内对设计专业人才创新能力研究有了一些创新性能力培养策略，但是整体来讲，涉及的研究还是较少。③目前研究注重对"智能时代"设计硕士专业学位的发展趋势和实践创新能力进行定性（为什么）描述，缺少对创新能力各要素之间关系的定量（怎么办）的研究。以上正是本课题力求解决的问题。

# 二、"智能时代"设计专业学位研究生实践创新能力培养策略

## （一）明确核心，形成以学生创造性发展为本的管理模式

人工智能时代，大数据和智能技术的突破性发展塑造了新的教育研究领域，也改变着高层次教育研究的具体形态。21世纪以来，信息技术化大数据和智能化的迅猛发展，影响着人们生活、科研、学习、交通等各个方面，尤其是近十年，彻底改变了人们生活。现代设计专业人才培养已不再局限于单一的知识领域，而是提倡多学科交叉，对于设计学生，提倡以设计专业知识为主体，兼具科学与人文社科等知识结构，并能综合运用设计学、艺术学、管理学、社会学、心理学、传播学、计算机科学等方面知识发现、分析、解决问题。创新是一个民族进步的动力与灵魂。创新型设计专业人才培养过程中，要坚持知识、能力、素质三方协调发展。在课程体系、教学内容、培养模式方面不断深入改革，教学方式与方法方面继续深化，靠近互联网、人工智能等时代特色。这尊重了以人为本的创造性人才的培养的政策性保障。从设计专业自身特点来讲，设计要两方面培养，一方面，需要较高的审美情趣和审美嬗变能力。另一方面，设计专业需要有一定的创新能力。

## （二）有针对性地利用学校和社会资源，形成具有创新性、研究性培养过程

现代互联网视野背景下，培养创新型人才是提升我国全面发展的一个重要内容。从社会的角度来讲，发展设计专业队伍是社会的紧迫需要，也是学校艺术设计创新型人才建设的发展要求。因此通过一系列改革，突破艺术设计学生创新能力的培养力度。无论是学校资源还是社会资源，互补是双赢的合作策略，它是学校与社会合作持久的一个重要保证。

（1）重视创新能力培养。一直以来，完成教学任务是我国高校第一目标，而教学任务的制定，意味着素质教育思想带来的深刻背景极难改变。在学校图书和社会设计资源体系中，偏向教师和学生能够切实进行创新能力的学习与培养。艺术设计专业教学中以学生创新能力培养为出发理念，从课程设置到教学内容安排，再到学生能力培养的实践能力过程中高度重视学生和社会之间的交互性、合作性，让创新能力的培养落到实处。

（2）强调学科交叉性。专业人才培养过程中，首先要打破保守观念，要挖出天赋，通过学校资源和社会资源的交叉，不同的三到四门学科的交叉，培养比较完整的复合型人才。一方面，设计专业研究生提供更多的创新可能性的机会。从高校本身的角度来看，学校充满一种可能性，为设计专业学生创新发展提供除了设计学科以外的其他学科知识，包括艺术学、哲学、美学、数据科学、音乐学、社会学、文化产业学、人

工智能学等内容，避免设计专业研究生探索资源窄的问题。展现设计专业学科的综合性，要切实加强学科之间的有机融合。另一方面，要对现有课程体系进行相应改变。很显然，在创新型研究生培养要求下，原来的那些课程体系设计与安排已难以跟上。

（3）国内培养与国际培养有机结合。为了拓展研究生的国际视野，学院坚持国内培养与国际培养相结合。对此，主要从三个方面着手。首先是"搭平台"，积极为研究生搭建国际培养的平台。其次是"请进来"，积极邀请卓有建树的海外学者在艺术学院进行学术讲演等。最后是"走出去"，积极推动研究生出国访学和交流。

### （三）立足智能生活，推进灵活的、开放性的创新能力培养机制

为更好地发挥设计专业学位研究生教育，进行一系列积极的改革探索。如课堂组织上，学校为设计专业学生现场观察、专业演示、实践能力的提升，提供合作实训基地。按照学科建设需要定期邀请有关企业设计专家和设计教学名家组建小组进行讨论和交流学习。采用双导师制，充分发挥来自不同学科背景的专业设计师能力和教学资源。在课堂学习时间分配上，采用模块课程，设计专业学生每周至少集中一天。开放型的企业文化，不断培养和积极锻炼人才，保持新鲜和长久的设计实力。以开放性的企业文化，通过面向全球华人的设计赛事和期刊连载等方式，不断挖掘和吸纳国内外一线的设计人才。越来越多的设计师在重点高校平台上得到锻炼和成长，同时也为高校设计人才培养提供支持。另外，优秀作者的加盟，为设计人员提供了优质的创意来源和高水准的合作团队，使设计工作的起点大大提升。这种开放型与灵活的培养机制，设计人才能力培养领域才有所突破。

### （四）提炼出适应"智能时代"的创新能力培养方法

"智能时代"的创新能力的培养需要师生相互合作、共同快乐、彼此成长等内涵。具体阐述如下：

（1）教师因教学中设计创造而锻炼思维、表达、组织和专业能力，获得成功的喜悦和满足，学生因创造突破已有的认知结构而增长了知识技能、满足了求知欲。师生双方通过设计教学获得知识技能、情感态度、身心等全面整体的自主成长。

（2）采用"1+1"的双导师制的实施方式。第一，学校导师负责第一学年的基础理论教学；第二，企业导师负责设计专业产业理论课程教学，时间控制在半年；第三，校企导师联合完成设计专业项目实践教学。另外，校企还利用自身在业内的特殊地位，邀请知名教授、经办人、编辑、作者讲学，进一步开阔学员视野，加深其对设计专业的认识。响应政府的号召，积极实施校企联动，优势互补，资源共享，从而保证创新人才的培养质量和学科专业的强劲动力。

### （五）"智能时代"背景下形成与完善创新人才教学评价体系

以往的研究生教学体系，只重结果，忽视过程和后期的职业拓展。实际上，这种

创新人才教学评价体系不符合现代市场需求。在专业课程中除了专业知识的考核以外，还要注重教学过程，也就是培养设计人才不同时间与不同环境中知识的应用能力，并重点考查学生在教学实践与理论过程中所表现出来的各种综合能力考核。在设计过程中工具选择的合理性、设计的效率等，都应该纳入学生的评价中来。培养出来的艺术设计学生，应该具备两方面能力，一方面，学习设计专业基础知识、理论知识、提高创新知识能力；另一方面，以设计师的眼光来看待问题，通过专业知识学习发挥独立思考能力。其中，为了实现学生的创造能力，要挖掘与保护艺术设计专业学生的个性化。实现这一目标，在教学中，只有先寻找到最适合学生自身特点和特长的一条路，制定符合的发展方向，才能培养出具有个性化的专业人才。

## 三、本课题的特色与创新之处

### （一）研究内容有务实的前瞻性

人工智能正重塑人们的生活、学习和工作方式，也给大学人才培养带来了革命性的变化。针对时代发展趋势，本课题重点研究"智能时代"设计专业创新能力的培养，体现前瞻性。

### （二）理论研究有一定的拓展性

本节依据系统理论、高等教育管理等相关理论，运用文献研究法、模糊集定性比较研究法和德尔菲法，对设计专业研究生培养模式进行了深入分析，对其理论内涵和构成要素进行了界定，并对各要素之间的关系进行了分析，构建了框架性专业研究生创新能力模式的培养体系，有利于丰富和发展设计专业学位研究生教育理论。

### （三）解决问题有较强的针对性

本课从设计专业学位研究生教育的发展进程出发，对设计专业学位研究生的实践创新能力培养进行系统而全面的研究，在此基础上提出：明确核心，形成以学生创造性发展为本的管理模式；有针对性利用学校和社会资源，形成具有创新性、研究性培养过程；立足智能生活，推进灵活的、开放性的创新能力培养机制；提炼出适应"智能时代"的创新能力培养方法；形成并完善"智能时代"下创新人才为主的教学评价体系。

从学科专业发展的视角来看，创新能力的培养是新型社会的前提要求，是我国学科建设的必要环节。当代艺术教育中，培养这种创新能力必须遵守弘扬中国传统文化审美情趣原则。教育改革中培养方法，课程体系上坚持艺术设计专业已学生为本，坚持能力与价值的结合。设计作为一种艺术教育，应当注重学生的全面性发展。所以，"设计"教育可以说是一种提升人生、使人真正成为"人"的社会活动，是一种塑造人的思想、构建人的精神家园、丰富人的精神世界和知识世界的活动。在当下"智能时代",学生比以往任何时代都需要一种开放的思维和稳定心态,以正视和应对急剧转变的教育环境。我们的教育对象始终是一个鲜活生动的生命体。因此,"智能时代"背景下设计专业研究生创新能力的培养,在当下高校教育中的意义,不仅是为了满足艺术本体发展的需要,更是辅助课程教学,让学生成为一个"全素养"的现代人,其意义重大,影响深远。

# 第四节　专业学位研究生教育培养质量研究

## 一、专业学位研究生培养存在的问题

专业学位研究生教育从无到有、从小到大经过了三十年的发展,培养质量出现了质的飞跃,但仍然存在一些问题,如社会、部分导师及研究生对专业学位研究生教育的认知不清楚、认可度不高、概念模糊等;部分专业学位研究生培养方案接近学术性研究生教育培养方案,在实际开设的课程中,两者差别不大,不能很好地凸显专业学位研究生培养是应用型、复合型、高层次人才培养的特点;企业导师在专业学位研究生的培养环节指导较少;实践创新平台建设不完善,专业实践环节没有达到理想效果等问题。

## 二、提升专业学位研究生培养质量的策略

### （一）重视生源,提高社会认可度

第一,贯彻落实招生规章制度,保障生源质量。专业学位研究生招生不应以完成招生指标为第一任务,应思考在招生复试过程中如何招到对特定职业感兴趣的学生,以提高生源质量。第二,加强专业学位研究生招生宣传,提高认知度。研究生培养单位应通过多种途径宣传研究生招生工作,扩大学校影响力,增加社会、学生对专业学位研究生的认知和认可度。

### （二）监控培养过程,推进质量提升工程

第一,引领服务需求。坚持立德树人,遵循研究生教育规律,以强化工程实践创新能力为核心,以满足特定职业特定领域高层次应用型人才需求为导向,培养学生掌握扎实的理论基础、先进的技术方法和实践手段,在行业企业具有从事产品研发、工程规划、工程设计、工程实施、工程开发、装备研制、生产控制和科学研究等能力,具有良好职业道德素养的高层次、应用型、复合型工程技术和工程管理人才。

第二，优化研究生课程体系。根据行业需求与专业学位要求，邀请行业专家确定培养目标、适时修订培养方案，贯彻落实立德树人根本任务。不断优化研究生课程体系，推进研究生示范课程和专业学位课程案例库建设。模块化设置课程，优化重组课程顺序，课程学习、专业实践、毕业论文互融，提升学生的工程实践能力。以双导师指导与顶岗实践为抓手，知识学习与职业实践互动，提升职业技能与素养。做到质量导向、规范管理，学校统筹、学院联系，多层次构建研究生工作站，保障实践能力培养，推进专业学位课程案例库建设。

第三，强化专业实践能力培养。学校和学院应加强与企业的合作，重视实习基地建设，鼓励企业专家担任兼职导师。硕士生导师应提高实验室装备水平并与企业积极合作，加强学位论文的应用导向，确保与培养目标相契合，管理部门也要完善对实践过程和成果的监督管理。

第四，加强导师团队建设。围绕研究生培养，采用双导师制，校内外导师、管理人员对研究生进行协同管理与指导。导师及导师团队交叉融合，不断提高导师业务素质与科学求真精神。加强对研究生导师立德树人职责落实情况的评价，对研究生导师实行"师德失范一票否决制"。完善考评机制，制定相应的导师考核指标体系，按年度对导师进行考核评价，并将考核得分情况与研究生招生、指标分配、评奖评优、个人年度绩效考核相挂钩，对优秀导师进行奖励，强化模范引领作用。

第五，严把学位授予质量关。落实导师研究生培养第一责任，应在校企双导师指导下承担相应科研工作，开展学位论文研究工作。各研究生培养学院、导师要把握关键节点，做好研究生硕士学位授予各项工作，学位授予关键工作宜采用闭环模式。组织研究生学习学术道德规范文件，明确研究生在科研实践中应遵守的学术规范。实施论文检测，防止学术不端行为。

### （三）积聚优势资源，改善实践创新平台

第一，构建产业教授机制。向产业教授明确研究生、经费支持及科研奖励三种政策，通过共同开设课程、共同申请承担项目、共同发表论文、共同申请专利、共同报奖、共建共享平台六项举措，实现共同组建团队、培养研究生的目标。

第二，企业创新工作站建设。一要设立组织机构，校企双方应各派领导组成专家委员会，建立由公司管理人员、技术部门负责人和学校导师组成的技术委员会；二要加强项目管理，由校企合作导师提出研究项目，并择优立项，项目完成或到期即可申请结项验收，进行总结及经验交流，企业根据考核结果给予奖励；三要制定并执行规章制度，企业应制定工作站管理办法与研究生工作站相关规章制度并严格执行；四要加强经费保障，企业提取出一定数量项目供研究生研发，并给予一定经费支持；五要明确成果知识产权，进站研究生所完成的项目和知识产权除有特别协议外，归校企双

方共同所有。

第三，加强高校工作站建设。一要聘请高水平企业导师，学校聘请企业理论水平高、实践经验丰富的高级专业技术人员担任联合培养导师；二要确定双导师职责分工，校内导师负责培养计划制定、学术指导、论文审定等工作。企业导师根据工程技术问题，在实践环节、论文研究等方面进行联合指导，并负责研究生在站期间的工作安排、学术指导和住宿生活；三要制定进站培养计划；四要落实过程管理，研究生进入工作站后，在校企双导师指导下承担相应科研工作，并开展学位论文研究工作；五要完善出站鉴定；六要加强评估督查，学校研究生管理部门和相关学院组成督查组进行现场督查，及时总结、表彰、改进。

第四，创新研究生实践改革。创新研究生实践改革，有助于提高研究生科研创新水平和实践创新能力，着力培养具有历史使命感和社会责任心、富有创新精神和实践能力的高素质人才。大力支持研究生科研创新发展，各研究生培养单位应大幅增加经费投入，同时建议改革资助体系，学校配套经费来源由学校单一资助，增加为校、院、导师三维度资助，充分提高导师参与度，提高导师责任心，调动导师积极性，对于创新性较高的项目可增设重点项目，重点资助。学校与院要严格把控过程管理、结项考核和绩效评价，严把质量关。

专业学位研究生教育旨在培养具有创新能力的高层次、应用型复合人才，如何提高专业学位研究生教育培养质量，满足我国发展的需要是研究生教育的一项重要课题，重视生源、监控培养、创新平台能够为专业学位研究生的培养提供重要支持和保障。

# 第五节　专业学位研究生培养质量评价

我国全日制专业学位研究生培养历程相对于学术学位研究生培养历程短，各培养单位在此类人才培养模式有待于进一步研究的探讨。故而，有些培养单位对专业学位研究生的培养模式直接采用学术学位研究生培养模式进行，从而未形成行之有效的培养模式，导致专业学位研究生培养过程存在很多不足。一是招生制度有待于完善，我国研究生招生考试形式以笔试和面试两大形式为主，但是很大程度上仍然将理论知识置于实践操作能力之上，缺少了对学生实践能力的考察。二是培养计划、课程设置有待于改进，上课以传统的讲授方式为主，学生在课堂参与性较低，实践创新空间小。三是实践能力培养方法有待于改进，所培养的人才大都是学术型人才，专业学位研究生实践方法、手段、职业导向性不足。但是，随着社会的发展，越来越多的行业需要专业能力强的高素质应用型人才，这就要求我国专业学位研究生培养模式要推陈出新，加速改革形式，与社会发展接轨，培养出了我国社会发展所需要的应用型人才。

# 一、专业学位研究生培养质量评价

## （一）专业基础评价

专业学位研究生培养质量评价的含义。专业学位研究生培养质量评价是指依据专业学位研究生的培养目标，结合搜集到的研究生培养过程的信息，对所培养的人才质量和这些人才所带来的社会效益做出的客观科学的评定。通过这种判断可以及时地发现在培养专业学位研究生过程中遇到的问题并做出调整，以期待更好地实现对专业学位研究生的培养。

实现专业基础评价的两个内容。为实现专业基础评价，首先应该注意专业基础性评价的主体是研究生。为了达到培养优质研究生的目的，对研究生进行的专业基础评价主要是通过研究生在最后期末取得的学习成绩的情况，来检测该研究生对专业知识的掌握程度，监测专业学位研究生的培养过程是否顺利进行。在进行研究生培养的过程中，除了作为主体的研究生之外，重要的标准就是研究生课程的设置。学校对专业课程设置与该专业的切合度有多高，实践性有多强，都会成为专业学位研究生培养内容的考察。

区别于学术型研究生的课程考核方式。相较于学术型研究生，专业学位的研究生除了理论知识的学习之外，更重要的是实践研究能力的培养。所以专业学位研究生的课程设置更多的是在熟练掌握理论课程的基础上，进行实践的课堂教学设计，在学生动手实践的过程中，消化理论知识，学会运用理论知识。为了使学生有学习的危机感，专业学位研究生在考试中应该实行成绩不及格即淘汰的制度，淘汰后重修或补考，若是补考依旧不通过，重修也不合格者将会被彻底淘汰。

## （二）解决实际问题能力评价

学生在企业实习中的表现。专业学位研究生相较于学术型研究来说，在企业实习中更应该表现出超强的实践能力。因为随着社会的进步和发展，现在企业更注重职工的上手操作能力。有逻辑性的处理事情的方式会让学生在企业实习中大放异彩，学历是工作的敲门砖，但是能力才是个人长远发展的决定性因素。

校内实践课程成绩。专业学位研究生的培养讲究学以致用，学校里的实践课程为学生囤积的理论知识转换成解决实际问题提供了良好的环境。为了完成实践课程的作品，学生们需要进行头脑风暴，激发自己解决问题的潜能，慢慢锻炼的能力解决实际问题的能力。

案例教学或项目研讨式教学课的参与度及体现出解决问题能力的潜力。学生进行案例展示和项目开发也属于实践课程的内容。专业学位研究生课堂可以开设多元化的教学方式进行授课，通过新颖的方式进行最后的成绩考核，迫使学生们通过不停地思考来提高自己的能力。

学位论文成果。专业学位研究生的论文可以结合不同的专业特点进行论文写作。在论文的写作过程中，不能仅仅局限于理论知识的泛泛而谈，要结合实际问题，通过解决实际问题来发现一定的规律，进行总结汇报。在解决实际问题的过程中，除了传统的解决方法，教师鼓励学生积极思考创新的多渠道解决方式，同时可以进行传统和新型方式的对比与总结，不断发现问题，不断提出新的解决方式，这可以作为评价专业学位研究生的准则。

### （三）组织管理能力评价

培养学生组织管理能力的目的。专业学位研究生的培养对象重点集中在培养特定职业的高尖端人才，相较于学术型研究生来说，它的复杂性和综合性主要体现在专业学位获取的过程中。社会对于专业学位研究生的要求除了专业知识和专业技术外，还要有吃苦耐劳的良好综合素质，在为工作单位带来效益的同时，还要有足够的组织管理能力。优秀的组织管理能力能够提高学生在企业工作中的办事效率，起到别人不可代替的作用，为学生获得一份稳定的工作提供了前提条件。

培养学生组织管理能力的评价方法。专业学位研究生在校学习期间，自身要有通过有序的完成实践课程作业来锻炼自己的组织管理能力的意识。学校在设计教学模式和考核形式时，要有需要通过合作来完成的项目，这样在完成这种项目的过程中，既锻炼了学生组织管理能力，又让学生意识到团结协作的重要性。由于学生学习的专业不同，教师需要结合学生所学专业特点来培养学生们组织管理能力的方法也不尽相同，但是所有培养的方法都是在锻炼学生实际操作能力过程中进行的。

## 二、专业学位研究生培养质量保障体系构建

### （一）专业学位研究生培养质量保障体系构建的背景

不论是学术型还是专业学位研究生的培养，最终目的都是为社会培养出所需要的、能够带来社会效益的高尖端人才。在对学生的培养过程中需要具体细化到每个阶段，以此来保证培养过程的严谨性，在这个过程中及时发现问题，并且做出改正。除了每个阶段的具体细化以外，从学生入学到毕业论文的提交和学位证的获取，将每个步骤都分解到培养环节和审查环节中，并通过严谨地对待学生的每个阶段来逐步完善专业学位研究生培养质量保障系统。

### （二）入学方式

专业学位研究生的选拔不能局限于应届本科毕业生，既然是要培养社会各行各业所需要的专业性人才，学生的选择也应该面向社会全体成员。在学生入学选拔的过程中，将学生的实践能力和结合实际工作解决问题的能力作为主要的考查内容，重点考

查学生的实践能力而不是学生的出身。学校教师在选择学生的过程中，可以将毕业生和在职人员分成两部分进行考核。考核通过检测学生理论知识的笔试和检测学生综合素质的面试两大形式来进行。

### （三）课程体系设置及教学方式

专业学位研究生的培养也不能局限于学生所学专业的知识和能力培养。学生在企业工作时，需要的是全面的、综合性的知识系统，因此在教学过程中，要鼓励学生在各个不同的学科之间进行学习，培养学生的综合知识能力，形成各个学科之间更加完整的知识体系。学生能够灵活地运用自己所学到的知识并解决实际问题。学校对于课程的设计根据不同学科的特点进行，例如，工科类的专业就要设计更多的动手操作；解决问题的实践课程，所学知识不能仅仅浮于表面，而缺乏解决问题的能力。

### （四）导师制度的建设及指导

我国专业学位的教师资源不足，导致专业学位的教师大多都是学术型导师。因此，对于专业学位研究生培养质量保障体系建设来说，首先应该从培养专业教师团队做起。首先进行校内导师的培养，对于学校组织的需要实践操作的项目鼓励导师多参与，通过对项目的完成和汇总，提高导师的专业实践能力。对于导师的培养，除了可以在校内进行，还可以鼓励教师去其他高校或者拥有先进师资力量的国家进修，以提高导师的专业水平。学校可以在培养校内导师的同时，聘请外援，通过多位导师的合作来提高导师的专业技能，更好地指导学生。

### （五）学位论文要求及论文评定组织

专业学位研究生的论文要求与学术型研究生的论文要求相比，其要求更加倾向于实践操作的讲解，不单单浮于理论知识。学术型研究生更加注重理论的深度研究，而专业学位研究生需要在理论学习的基础上，将理论知识充分运用于解决实际问题之中。学校对专业学位研究生的论文要求应该区别于学术型研究生的论文要求，根据不同的专业特点，鼓励学生们在传统的解决问题方法的基础上探索新型的解决方式。

### （六）过程分流培养体系

人都是有惰性的，在研究生的学习过程中，如果没有危机感，学生的积极性会降低，不利于学生的长远发展。因此，教学考核中采用过程分流培养系统，可以给学生的学习带来危机感，提高学生的积极性和学习质量。健全的考核系统会有一定的公平性和专业性，有利于学生专业能力的提高。

### （七）规范校企合作机制，充分发挥其作用

建立专业学位研究生校企合作实践基地，其中包括如何选择适合的企业，建立专业学位研究生、学校、企业三方共赢的合作点，在建设中设定三方的责任、权利和义务，

破解学生—产业供需矛盾、破解学校企业无法融合的困局，形成良性的学校—企业—学生的共建生态圈，实现三赢。采取校企联合培养应用型的创新人才新模式，设立了"校企人才储备计划"研究生人才培养特区，构建适应企业发展需求的人才输送渠道。纳入人才培养特区的研究生实行双导师制，校企联合制订培养方案，第一年在学校参加理论课学习，在校期间以校内导师指导为主；第二年进入企业实践基地开展校外实践，以企业导师指导为主，第三年根据情况灵活安排。

由于受长期传统教育模式的影响，我国教育更加偏向理论性的研究，学生的实践教育能力较弱。因此，学校在专业学位研究生培养的过程中要注意寻求创新的方式同时也要鼓励学生思考新型的解决问题的方法。

# 第五章 研究生专业学位培养的实践应用研究

## 第一节 临床医学专业学位研究生培养

临床医学专业学位研究生的培养，是我国临床医学研究生教学工作中的重点内容，为培养大批高水平、高素质临床医师打下坚实的基础。在目前国家大力支持和发展医学教育的背景下，专业学位研究生的培养模式仍存在一些迫切需要解决的问题。

### 一、开展临床医学专业学位研究生培养模式改革的意义

#### （一）临床医学专业学位人才培养的需要

2015 年 5 月，教育部制定了临床医学硕士专业学位研究生指导性培养方案。该方案明确培养目标为培养热爱医疗卫生事业，具有良好职业道德、人文素养和专业素质的能独立、规范地承担本专业和相关专业的常见多发病诊治工作的临床医师。随着医疗技术的进步和医学生教育的发展，不断完善我国临床医学人才培养体系建设，积极推进临床医学专业学位研究生的教育改革，建立适应临床医学特点的人才培养制度，促进临床医学专业学位研究生教育与住院医师的规范化培训制度衔接，具有重要的临床意义和社会价值，能更好地服务于医药卫生体制改革和事业发展。

#### （二）合理配置教学资源的需要

临床医学专业学位研究生的培养离不开大量的临床教学资源，临床教学资源包括经费和人力资源两个方面。一方面，随着招生规模的不断扩大，大部分经费被用于基础设施建设，必然出现临床教学资源缺乏或者不充足现象；另一方面，日常临床工作通常高度紧张、繁忙，教学医院往往在临床教学资源人力配置上倾斜不足。为了解决专业学位研究生培养过程中教学资源不足的问题，有必要对专业学位研究生培养模式进行改革，积极主动地利用经费和人力资源，形成全方位多层次的临床教学体系，既可推动学科建设，又可提高人才培养质量。

### （三）高校教师指导研究生开展临床和科研活动的需要

临床医学专业学位研究生的培养中，科研能力培养是非常重要的环节。不仅临床医学的进步不能脱离医学生科研素质的培养，医生的个人职业发展和能力也和其科研素质密切相关。目前，临床医学专业学位研究生培养和住院医师规范化培训相结合，研究生的临床实践能力得到了明显的提高，同时也对其科研素质培养和科研教学提出了更高的要求。积极推进专业学位研究生培养中针对临床和科研能力培养的改革，对促进临床医学发展和保障医疗质量具有重要的意义。

### （四）医院自身创新发展的需要

医院的自身创新发展需要一批有较强临床分析和思维能力，能独立处理二级学科领域内常见病，并有规范和较熟练操作技能的专业学位研究生。目前专业学位研究生培养模式中，医学生与医院的关系和相互作用需要根据医院自身创新发展的目标不断调整，以培养出能参与病房和门诊临床医疗工作，并能对下级医师进行业务指导，还掌握一定临床学科领域的科研能力，为医院的科研创新贡献力量的临床专业学位研究生。

## 二、临床医学专业学位研究生培养中存在的问题

### （一）专业学位研究生的培养特色不明显

培养具有突出的解决临床问题能力是临床医学专业学位研究生的培养目标，这与科学学位研究生培养目标有显著的差异。在培养模式上，专业学位研究生通常花费了一部分时间在临床轮转，而科学学位研究生花费了较多时间在实验室从事基础的研究，但在教学的其他环节，这两者间的区分度并不高。在课程设置上，专业学位研究生部分的课程设置与科学学位的研究生有一定差异，但差别较小，部分高校甚至将这两类研究生课程体系划分为一类；在论文选题上，不少专业学位研究生也都是以基础研究为主；在教学理念上，通过课题研究发表学术论文仍然是大部分导师培养专业学位研究生的模式。为了解决这个问题，应该在课程设置、教学理念、质量标准和师资队伍建设等方面分别体现专业学位和科学学位研究生的特色。

### （二）专业学位研究生的临床科研能力培养不足

由于临床轮转任务繁重，大多数专业学位研究生不能在住院医师规范化培训的同期开展临床课题研究。由于时间紧迫，许多学生无暇接触临床试验，或者不能更深入地研究课题，相较于非研究生类规范化的培训学员，并不能体现研究生的优势。在一些情况下，专业学位研究生临床科研能力的训练时间则大大减少，科学思维、科学实验、科研方法及科研设计等科研素质培养内容大幅度压缩甚至删减，导致研究生科研能力相对减弱，论文质量下降，难以达到专业学位研究生科研能力培养的目标和要求。

### （三）专业学位研究生的临床带教教师配置不统一

专业学位研究生临床轮转期间，带教教师可能没有经过统一的培训，教师的教学方式方法缺乏规范化标准，部分教师讲解专业知识不够系统化，过于简化或过于复杂。科室安排的教学或小讲课可能缺乏系统性，没有强调以学员为主体、教师为引导的教学理念。此外，同一科室可能有多个治疗组，不同治疗组收治病人的种类及严重程度会有差异，学生被分配到不同治疗组所见识、学习的疾病种类不一样，可能导致学生对专业知识的掌握和临床操作的熟练程度不同。

### （四）专业学位研究生的健康人文教育不足

人文教育应贯穿于从医学生到其执业的各个阶段，然而在现实的专业学位研究生培养模式中，健康人文教育明显缺乏终身教育的理念。在专业学位研究生培养过程中，人文教育与医学专业教育没有形成相互联系，人文教育课程多为社科类教师讲授，专业教育课程注重临床知识和技能的传授，两者不能相辅相成。在住院医师规范化培训期间，专业学位研究生由于临床任务繁重，有时根本无暇顾及在他们看来专业价值偏低的人文教育课程。其导师因临床工作较为繁忙，也可能无暇顾及研究生的人文素质和人文技能教育。

### （五）专业学位研究生的考核评价体系不健全

在一些医学院校，临床医学专业学位研究生的评价体系尚不成熟，考核往往是参照科学学位研究生的要求，仍以课业成绩、发表的论文与参加的科研项目等为标准。临床能力由于比较抽象，缺乏目标明确健全的考核体系，现有评价体系不能充分反映临床思维和临床技能的水平，这就使得专业学位研究生对临床轮转思想上不重视，态度上不积极，掌握的临床技能仅仅是为了应付课业考试。专业学位研究生所做科研项目研究是为了发表符合毕业要求的论文，没有思考项目内容与临床工作实际的联系，更没有进一步考虑课题成果在临床工作中的应用价值和现实意义。

## 三、临床医学专业学位研究生培养模式改革的建议

### （一）专业学位研究生培养目标的科学定位

科学定位培养目标，培养出掌握临床医学某一专业领域坚实的基础理论和广泛的专业知识、具有较强的解决实际问题能力及完成主治医师所要求达到的临床技能、教学和科研训练的临床医学专业学位研究生。在培养目标、教学理念、培养模式、课程设置、师资队伍建设和质量考核等方面都应注重临床医学知识的应用性与实践性，体现出与科学学位研究生教育的明显区别，形成专业学位与科学学位两条既相互联系，又互不相同的培养轨道。

### （二）专业学位研究生规范化培养体系的优化

根据专业学位研究生的培养目标与毕业要求，将临床医学的理论教学、科研教学与临床教学有效结合，加强住院医师规范化培养基地的建设，确保每一位全日制专业学位研究生都能深入临床接受相应时间的实践训练，同时接受与临床医学相结合的科研培训。在临床教学中，围绕专业学位研究生的培养目标将各个专业常见病和多发病的诊疗标准及操作规范充分结合临床病例来达到教学目的，不仅解决了理论课内容的枯燥，而且加强了对临床操作的标准化和规范化的理解和认识。在科研教学中，根据对应的专业培养相应临床学科领域的科研能力，对临床中存在的问题进行科研选题和科研设计，再进行科学试验研究，最终探索和解决临床问题。

### （三）专业学位研究生导师负责制体系的优化

建立有负责临床专业知识理论培养和临床操作实践技能指导的临床型导师，也有联合负责科研培训的基础医学专业的研究型导师的双导师负责体系。临床型导师负责临床专业知识理论培养和临床操作实践技能力指导，研究型导师联合临床型导师负责研究生开题、中期和答辩等全流程指导。让专业学位研究生从课程设置的选择、课题的制定、实验室运作、研究生开题、预答辩及答辩等研究生教育的全程，都至少有负责不同方面的两位导师同时指导。通过双导师制联合培养这一模式，加强学校和医院的双方合作，对学生整体综合素质的提高有重大意义。

同时加强研究生导师和临床带教教师的培训、遴选和评价。组建教学团队，优化教师的数量和质量。对导师和带教教师设立激励制度，同时双向评价，对优秀教师给予奖励。

### （四）专业学位研究生学术和科研交流平台的完善

利用现有的临床医学专科区域信息卫生系统平台及网络平台，比如丁香园、小木虫、知名高校的慕课、知名专家的公开课等扩展研究生的知识面，开阔研究生的视野，培养他们的科研兴趣和创新实践的能力。鼓励研究生积极参加相关多元化的学术交流会议及跨学科学习，立足于自己的研究领域，放眼国际进展，从宏观上去把握研究热点，定位自己的科研思路及提升解决问题的能力。同时，鼓励学生建立专业论文阅读报告会、研究生论坛、青年医师沙龙等，给研究生提供了一个学术研究交流的平台，活跃校园学术氛围，促进学术争鸣，推进研究生科技创新，促进研究生科研能力的提高。

### （五）健康人文教育培养体系的优化

积极探索临床医学专业学位研究生人文教育培养新模式。在课程设置中将医德医风、医患沟通能力、医疗工作适应能力及医疗团队合作精神等穿插其中，将临床医学人文课程的教学目标落到实处。

加强医学与人文学科的交流。鼓励医学临床专业教师与伦理学专业教师合作，使专业学位研究生在学习中不断明确人文素质和人文技能教育的重要性。充分利用学校及附属医院的优势资源，邀请优秀校友对研究生进行职业道德教育、诚信教育及感恩教育和廉洁教育。

促进人文教育培养与住院医师规范化培训的有效衔接。采用个人自评和组织鉴定相结合的方式，将人文教育考核列入科室轮转考核、中期考核及出科考试等各个环节，做到奖惩分明、科学合理等。同时，通过建立专业学位研究生健康人文教育档案，强化人文教育的效果，提高人文教育的权威性。

### （六）专业学位研究生评优考核制度的优化

完善质量监控体系，实现考核评价过程化与动态化，切实保障专业学位研究生考核过程中各关键环节落实。建立专业学位研究生教育质量评价与指导工作小组，建立反馈机制，形成全过程的质量保证和监督体系。增设多种反馈渠道，合理引用问卷调查、学生评价、同行评价、座谈会等方式，实现课程阶段性评价。针对临床轮转，应密切关注导师管理、考核机制等环节。科室的出科考核题目有合理的难易搭配，考试公平公正，增加出科考核成绩在评优细则中所占权重，这样或许更能反映学生的临床技能水平。除了出科考核外，可以将临床工作量化考核、带教教师评价、同事评价及病人评价等作为其主要成绩考核依据。针对毕业环节，不能单纯地将毕业成果以发表论文的单一方式进行衡量，应将其结果的评价转化为过程的评价。学位论文的质量不再是对几十分钟的答辩汇报进行评判，而是由答辩委员会专家进行论文成果的学术意义、学术价值、经济效益和社会效益的评判。另外，要将考核体系延伸到毕业之后，了解用人单位对毕业生的能力评价和满意度，及时动态调整对其培养的环节。

培养具备良好职业道德、人文素养和专业素质的临床医学专业学位研究生是我国临床医学教育工作的重要任务，需要教育部门、高校、医疗单位等多部门联合起来，在培养目标、教学理念、培养模式、课程设置、师资队伍建设和质量考核制度等环节不断探索和实践，发展最适合我国国情的临床医学专业学位研究生的培养模式。

# 第二节　土木水利专业学位硕士研究生培养

加快科技创新，是推动社会、经济高质量发展的需要，是顺利开启全面建设社会主义现代化国家新征程的需要。而人才培养是创新驱动发展的根本与强大支撑。专业学位研究生教育是我国研究生教育体系的重要组成，是培养高水平、高层次应用型专门人才的主要途径。2009 年，教育部发布《关于做好全日制硕士专业学位研究生培养工作的若干意见》，拉开了全日制硕士专业学位研究生培养工作的序幕。2010 年 7 月，中共中央、国务院印发《国家中长期教育改革和发展规划纲要（2010—2020年）》，指出，办好高等教育必须大力推行培养机制改革。2013年，《教育部、人力资源和社会保障部关于深入推进专业学位研究生培养模式改革的意见》提出培养模式改革工作应"以职业需求为导向，以实践能力培养为重点"。2017年，《学位与研究生教育发展"十三五"规划》提出要积极发展硕士专业学位研究生教育，以适应新时代经济发展的需要。《国务院办公厅关于深化产教融合的若干意见》提出深化产教融合应"坚持统筹协调，共同推进；服务需求，优化结构；校企协同，合作育人的原则"，"构建教育和产业统筹融合发展格局，强化企业重要主体作用，推进产教融合人才培养改革，促进产教供需双向对接。"2019年，中共中央、国务院印发《中国教育现代化2035》，强调"加强创新人才特别是拔尖创新人才的培养，加大应用型、复合型、技术技能型人才培养比重"。2020年发布的《专业学位研究生教育发展方案（2020—2025）》对新时代专业学位研究生教育提出了新要求。

全国全日制专业学位硕士研究生的招生人数逐年攀升。2020年，我国专业学位硕士招生占比达60%左右。中国特色社会主义进入新时代后，各行业对高层次创新人才的需求也更加迫切，专业学位研究生教育的地位和作用日益凸显。但如何实施创新型专业硕士人才培养模式则有很多值得探讨和区别的地方，不同类型的学校，例如双一流大学、地方高校以及专业在学校中的地位等均会对实施有影响。因此，作为本科教育延续和升华的硕士教育势必不能完全照搬国外。如何从培养模式、培养方案、教学大纲和授课模式等方面，结合师资条件、学生来源、合作企业等因素，建立以学生产出为本的培育体系是摆在专业硕士教育面前现实而重要的课题。本节在对比分析土木水利专业学位硕士培养中协同不足现状以及土木领域人才需求现状的基础上，提出了土木水利专业学位硕士培养模式改革的目标定位，以及协同育人机制下土木水利专业硕士研究生培养模式的改革探索和建议。

## 一、土木水利专业硕士人才培养中的协同不足现状

自2010年实施国务院学位委员会颁发的《硕士、博士专业学位研究生教育发展总体方案》至今，我国专业学位研究生教育得到较大发展，但专业硕士培养目标定位不清晰，培养方案不适应形势发展，与学术型硕士研究生培养模式同质化，人才培养优势不显著的现象仍然存在。专业硕士的培养方案、教学大纲和上课模式与学术硕士没有本质性的区别；培养过程与行业企业脱钩，实践培养环节存在简单化、形式化现象等仍是制约专业学位研究生教育发展的现实问题，从而造成专业硕士的人才培养与市场对人才的需求出现错配。主要体现在以下几方面。

### （一）理论教学与实践教学协同性不足

土木水利专业硕士的培养计划，第一学年课程大多为基础课，教学过程重知识轻能力素养、重讲授轻实践会导致偏离其实践性目标；专业基础知识教学与实践教学、企业难题、毕业论文的不融合，最终导致学生专业理论知识应用于工程实践的能力薄弱，难以培养学生在复杂工程中发现问题和处理问题的能力。

### （二）与行业衔接缺乏，专业学位人才培养模式"学术化"

在"大土木"教学思想的指导下，绝大多数设置土木水利工程领域硕士点的学校多以宽口径制订培养方案，开设的理论课程涵盖各类土木工程师应掌握的理论知识，甚至与学术硕士所学内容几乎相同。理论教学存在理论性强、技能型弱、逻辑关系差的现状，不是根据研究方向、研究课题的特点进行讲解，致使专业理论知识不足，教学目标不明确，重点不突出，结果学生修了很多课程，却在课题研究中不会运用所学知识解决技术难题。土木工程是培养结构工程师、岩土工程师、监理工程师、安全工程师等执业工程师的摇篮，必须根据不同类型执业工程师素质的要求优化培养方案、合理配置教学资源，才能真正达到教学目标，满足社会的需要。

### （三）实践教学基地建设薄弱，实践教学缺乏协同机制

研究生的实践基地较少，运行不畅；存在企业、学院、导师、研究生之间相互脱节现象，缺乏有效的沟通机制，造成企业存在的技术难题不能及时被发现并解决，部分导师也不清楚企业的技术难点，导致学生对企业的技术难点理解有偏差，最终造成专业硕士论文不符合专业硕士的培养目标。

### （四）双师型师资缺乏

2018年，《中共中央国务院关于全面深化新时代教师队伍建设改革的意见》提出"支持高水平学校和大中型企业共建双师型教师培养培训基地，建立高等学校、行业企业联合培养双师型教师的机制"，明确了"双师型"教师的国家要求。

## 二、土木水利专业硕士培养模式改革的目标定位

国务院学位委员会办公室 2018 年发布的《关于对已有的土木水利类专业学位研究生、博士专业学位授权点进行对应调整的通知》（学位办〔2018〕28 号）对工程硕士专业学位研究生进行了较大幅度的调整，以加快建设创新型国家，更好服务国家工程科技与产业发展需要。调整后的土木水利硕士包括建筑与土木工程、水利工程、农业工程、船舶与海洋工程、测绘工程等领域，实践性较强，工程实践能力和创新素质要求较高。如今中国迈进创新型国家行列，工程建设中的新材料、新结构、新设备、新工艺、新技术不断涌现；建筑工业化、BIM 技术、装配式建筑、3D 打印、智能建造、

绿色建造、"互联网+"等快速发展；大型工程的国际化招标、投标政策的推行对工程项目管理水平也提出了更高要求；我国土木水利行业正快速趋向规范化、先进化和国际化。对人才的需求也发生了重大改变，主要体现在以下几个方面：

### （一）人才应善于理论联系实际，实践动手能力强

重专业轻基础、重书本轻实践。忽视知识结构和能力结构的相辅相成，会导致学生的动手能力差，将知识应用于实践的能力差。以至于学生入职后不能学以致用，工作适应能力差，尚需用人单位较长时间的再培养，才能进入工作状态，这样的学生不符合当今土木行业对人才的需求。

### （二）人才应具有创新精神和科学研究的基本素养

党的十九大提出加快建设创新型国家的明确要求：建设创新型国家需要大批具有创新精神和创新能力的优秀人才。高校作为国家高素质创新人才培养的重要基地，要增加对学生创新精神、创新能力和科研素养的培养环节，以适应国家和行业创新驱动发展的趋势。

### （三）人才应具备国际视野、家国情怀

《国家中长期教育改革和发展规划纲要（2010—2020年）》中明确指出："适应国家经济社会对外开放的要求，培养大批具有国际视野、通晓国际规则、能够参与国际事务和国际竞争的国际化人才。"土木领域创新型人才培养应直面国家重大战略，拓展国际视野，增强我国在国际土木工程领域的整体竞争力。

经过二十多年的发展，工程类硕士专业学位研究生培养规模不断扩大。但受多种因素的影响，专业硕士培养大多按照学术学位研究生的固有模式，缺乏明显的特色优势，造成用人单位对专业学位硕士的认可度不高。使还处在"规模扩张"阶段的专业学位硕士教育容易出现市场需求"不足"和相对"过剩"，同时还不能满足社会经济发展的实际需求。

为了更好地适应国家经济社会发展对高层次应用型人才的新需求，2018年5月，国务院学位委员会办公室发布《关于制订工程类硕士专业学位研究生培养方案的指导意见》，明确工程类硕士专业学位的培养应"强调工程性、实践性和应用性，培养单位应在满足国家工程类硕士专业学位基本要求的基础上，面向经济社会发展和行业创新发展需求，紧密结合自身优势与特色，明晰培养定位，突出培养特色，更好地服务于工程类硕士专业学位研究生的职业发展需求和社会的多元化人才需求，培养应用型、复合型高层次工程技术和工程管理人才"。加快培养高层次应用型人才被赋予了前所未有的历史使命。当前形势下，土木水利专业硕士的人才培养目标定位应面向世界高等教育发展新趋势、国家经济社会发展新形势和行业转型升级新挑战，产教结合协同育人，培养"适应能力强、实干精神强、创新意识强、具有国际竞争力"的工程创新型人才。

在土木人才培养模式改革中，应扭转由人才培养"趋同性"所导致的社会人才需求错位现象，实现人才培养"多元化、个性化、特色化"改革。着力探索工程类硕士专业学位的培养模式，突出专业学位研究生的培养特点，强化专业实践环节的地位与作用。

## 三、土木水利专业学位硕士研究生协同育人机制探索与实践

学院深化研究生培养模式改革，在以下方面进行了探索和实践。

### （一）编制《企业技术难题汇编》，强化服务工程意识

专业硕士论文选题来源于应用课题或现实问题，且有明确的职业背景和应用价值，做到与专业实践的有机结合，课题选题围绕工程服务。通过各种形式的座谈，收集土木工程各行业的技术难题，并定期召开导师座谈会，细化技术难题的关键问题，列出研究提纲，编制《企业技术难题汇编》。硕士生报到时，学生根据自己兴趣选择导师和研究课题，并根据课题内容，有针对性地选修理论课程和实习单位，解决理论学习阶段的盲从性和无序性。以《企业技术难题汇编》为载体，构建企业、导师和研究生之间相互协同，加强沟通，形成"企业出题、高校解题"的产学研合作新模式，强化服务工程意识。

### （二）详解培养方案，根据课题来选课

以往专业硕士第一年学习基础理论知识，第二年进行课题研究的常规模式，这在一定程度上影响了学习效率，致使部分课程教学效果不良，学习兴趣不高。如何协调学生需求和培养内容不匹配的现象是值得专家思考的重要内容。学院根据对学生调研的结果，结合专业和社会需求，对培养方案进行了进一步说明，对课程之间的逻辑关系进行解释，在学生、培养方案、教师和就业之间进行协同，让学生全面掌握培养方案，了解课程设置和学分结构，合理安排大学时间，根据各自需求，分层次引导学生合理选课。

### （三）打通课程教学安排，构建以"问题"为导向的课程体系

建立与课题组、研究方向及论文选题相近的专业硕士生授课班级，以研究问题为导向，多名教师以研讨方式共同上课，共同编制教学大纲和教案，提高学生学习知识的针对性，为课题的立项、开题、研究做了很好的铺垫。

### （四）探索校企共赢机制，落地校企协同培养模式

《关于制订工程类硕士专业学位研究生培养方案的指导意见》（学位办〔2018〕14号）指出"校企联合培养是提高工程类硕士专业学位研究生培养质量的有效方式，培养单位应积极开展校企联合培养"。并且还强调了专业实践的重要性，将《关于制订在职攻读工程硕士专业学位研究生培养方案的指导意见》（学位办〔1999〕7号）及《关

于制订全日制工程硕士研究生培养方案的指导意见》（学位办〔2009〕23号）文件中的"实践教学"改为"专业实践"，并实行学分制。2015年，《教育部关于加强专业学位研究生案例教学和联合培养基地建设的意见》提出"深化专业学位研究生培养模式改革，充分加强案例教学和基地建设的重要意义，改革教学方式，推进产学结合"。"推进联合培养基地建设"是第四届全国工程专业学位研究生教育指导委员会2018年全体会议中列出的重点工作之一。教育部、人力资源和社会保障部联合出台的《关于深入推进专业学位研究生培养模式改革的意见》中提出，针对专业学位研究生，应大力推广校内外双导师制，组建由相关学科领域专家和行（企）业专家组成的导师团队共同指导研究生。

学院充分利用产业、行业、企业等的优势资源，积极对接区域行业产业链、创新链，主动融入地方区域经济社会的高质量发展，并且与多家企业签订校企合作协议，针对企业或行业需求开展研究生培养，从培养方案制定全过程进行校企合作的产教融合。根据与合作企业及企业导师的商谈，建立双向选择的机制。从第二学期开始让研究生深入企业，带着选好的研究课题，到企业进一步调研，解决技术难题的同时，又解决学生实习的盲目性。实现学生、企业、教师、学院协同共赢的局面，落实校企协同培养模式。在专业学位研究生实行"校内＋行业"的校企双导师制执行过程中，又不断把握新的契机，构筑校企联营的坚固平台。例如，2019年学院举行中原建筑行业校企合作高端论坛，邀请省城乡规划设计研究等多家知名企业共同研讨；2020年承办第十八届空间结构学术会议、省建设安全学术论坛等，以推进校企合作深度融合；同年12月，在河南省城乡规划设计研究总院、河南中城建设集团股份有限公司等举行河南省研究生教育创新培养基地揭牌仪式，在人才培养、科学研究、技术创新和资源共享等方面更加深入地开展合作，实现校企合作共赢。

通过编制《企业技术难题汇编》、详解培养方案、构建以"问题"为导向的课程体系、探索校企共赢机制等，实现研究生、导师、企业等各方面力量的协同，创新协同培养机制，同时创建协同培养路径，形成操作性极强的以"问题"为导向的土木水利专业硕士培养模式。

# 第三节　工程类专业学位研究生培养

## 一、研究背景

### （一）对专业学位研究生教育发展的再认识

2020年9月国务院学位委员会、教育部发布的《专业学位研究生教育发展方案（2020—2025）》明确指出，发展专业学位研究生教育是经济社会进入高质量发展阶段的必然选择，发展专业学位研究生教育是主动服务创新型国家建设的重要路径，是学位与研究生教育改革发展的战略重点。专业学位研究生教育发展的目标是到2025年，以国家重大战略、关键领域和社会重大需求为基点，将博士专业学位研究生招生规模扩大到硕士研究生招生总规模的三分之二左右，大幅增加博士专业学位研究生的招生数量。

在发展专业学位研究生教育的基础上，为适应国民经济发展的需要，加大工程类专业领域高级专门人才培养，2018年国务院学位办发布了《关于制订工程类硕士专业学位研究生培养方案的指导意见》，2021年1月国务院学位办又发布了《关于电子信息等8种专业学位类别专业领域指导性目录》，对工程类硕士专业学位类别、专业领域进行细分。

自1990年专业学位研究生教育制度建立，开启我国专业学位研究生教育以来，到2010年专业硕士研究生纳入全国硕士统一招生，表明我国硕士研究生教育的类型结构、专业学位研究生教育的招生模式、培养模式、管理模式发生了重大转变和调整。如果说这两项重大制度改革是我国研究生教育发展理念的转变、研究生教育制度自我完善的话，那么《专业学位研究生教育发展方案（2020—2025）》和《关于工程类专业学位研究生教育》的一系列文件的发布，让我们对专业学位研究生教育有了新的认识：一是专业学位研究生教育已经上升到国家战略高度；二是国家将大力发展专业学位研究生教育，规模比例迅速增大；三是将专业学位研究生教育与国家经济建设社会发展紧密相连；四是工程类专业学位研究生教育被高度重视，而且其教育培养体系还需要创新和完善。

### （二）工程类专业学位研究生教育特征与培养目标定位

2018年国务院学位办出台的《关于制订工程类硕士专业学位研究生培养方案的指导意见》指出："工程类硕士专业学位是与工程领域任职资格相联系的专业学位，强调工程性、实践性和应用性……培养应用型、复合型高层次工程技术和工程管理人才"。

需要指出的是，工程类专业学位研究生教育特征与培养目标定位，是以面向工程实践问题为教育起点，以探寻工程实践学问为教育目标，重视工程实践研究为教育方法，追求工程实践效果为教育标准，实现完善工程类专业学位研究生教育体系的目的。其工程性、实践性、应用性体现了工程类专业学位研究生教育的明显特征。

# 二、创新培养模式

## （一）构建适合工程类专业特点的课程体系

### 1.体现工程类专业特点的课程结构

课程体系是"指某一专业或学科领域为了实现培养目标或教学目标而设置的课程的总体"。这些课程之间有着密切的联系，例如基础课程与后继课程的承上启下关系，理论课与实验课中理论与实践有机结合等。在工程类专业学位研究生教育中，要求理论知识与实践知识并重，理论素养培养与实践能力培养并重，而且特别强调现场应用性和在生产实践中发现问题、解决问题。对此，适应工程类专业特点的课程体系，知识面要"广而新"，课程设置要"精而活"，才能满足培养人才目标的需要，这样课程门类才会设置更多，内容更加丰富。为实现这样的课程体系，必须建立起与之适应的课程结构。在课程体系设计中一般采用"必修课＋选修课"的课程结构，必修课一般为专业基本理论课和工程理论课，选修课一般是为了适应不同专业方向所需和学生根据兴趣选择所需而设置。在工程类专业生产实践中新知识、新技术的应用比较普遍，在研究生培养的课程体系中，必须要将这些新知识、新技术体现在课程中，选修课为这类课程设置提供了方便，而选修课也由固定设置变成动态设置方式，因此，"必修课＋动态选修课"的课程体系作为工程类专业学位研究生课程体系最为适宜。这里动态课程结构的课程设置体现了工程类专业课程"广而新"的特点：一是课程设置机动灵活，新知识新技术能快速进入课堂。二是课程设置可以多个菜单形式，为学生提供更多的可选课程。最大限度地发挥导师的培养自主权，提高学生的参与度。导师可以根据专业教学需要和学生实际情况对教学内容和授课形式做出及时调整。学生也可以根据研究方向需要有更多的课程选择机会。在动态选修课的课程体系下，授课形式也可灵活多样，其中，"讲座"形式是最灵活和最受欢迎的授课形式，生产现场的问题也可以提出解决方案，从理论到实践将新知识及时展现在课堂上，不仅丰富了知识体系，学生也学以致用。

### 2.构建工程知识的课程体系

构建适应工程类专业学位研究生教育特点的课程体系就要回归到"工程"上来，从工程实践所需要的知识体系和工程实践能力培养的逻辑出发，构建以工程知识为基础的课程体系。近年来，随着科学、技术、工程"三元论"的提出，人们把工程与科学、技术放到同等地位来看待。三者的关系：科学是基础，技术是手段，工程是应用，三者是一贯性的统一整体，不可分割。

科学知识是认识世界和发现世界的知识，技术知识是人类为改造自然而创造出来的工具和方法，工程知识是科学知识和技术知识在改造自然过程中的应用。工程知识是以科学知识和技术知识为基础的，其知识体系更为丰富，对于工程实践更具指导性和应用性，是培养工程类应用型高级人才不可缺少的重要内容，必须纳入工程类专业学位研究生教育的课程体系之中。

3. 与职业资格认证相衔接的课程体系

国务院学位办出台的《关于制订工程类硕士专业学位研究生培养方案的指导意见》中明确指出，工程类硕士专业学位是与工程领域任职资格相联系的专业学位。因此，在工程类专业学位研究生培养中要与职业资格认证相衔接。为实现与职业资格认证的有效衔接，要首先在课程设置上与职业资格认证相衔接，建立与职业资格认证相衔接的课程体系。其次建立与职业资格衔接课程体系是为培养具有国际视野的国际工程专家提供基础理论知识储备，其课程模块主要包括职业资格考试课程和国际职业资格认证要求的专业知识体系的这两部分。这就需要在学位课和非学位课中开设一定比例的职业资格认证（考试）课程。

## （二）构建适合工程类专业学位特点的考核评价体系

1. 现状分析

工程类专业学位研究生教育要根据其工程性、实践性和应用性的特征，建立起完善的考核体系。目前工程类专业学位研究生教育从培养方案、课程设置再到考核评价，多数是基于学术学位研究生教育体系进行改动，而且改动幅度不是很大，不能达到工程类专业学位研究生教育培养目标的要求，更不能适应大规模工程类专业学位研究生教育发展的需要。在学术学位研究生教育体系中，虽然提出了不以论文论成败的观点，但是大多数培养单位还是出于可操作性的考虑，还是将发表论文作为毕业的必要条件。在工程类专业学位研究生教育考核体系中，一般不强制要求具有论文等成果，考核也就更容易了，学生压力减轻了，毕业也容易了。其实不然，从以上分析可以看出工程类专业学位研究生教育体系中，需要学习的知识更多，面更广，尤其是实践能力要求更严格，考核难度也更大。

2. 考核体系的建立

学生学业考核的主要内容是课程学习、实践环节和论文。课程学习可以量化评价，主要是实践环节和论文的考核评价

实践环节的考核虽然在形式上难以量化，但在实践中可以设定任务要求和考核指标，依据工程能力和工程素养等方面的创新考核方法来实现量化。就某个专业而言，通过长期的实践教学中积累考核内容、指标和方法，经过实践检验后写入培养方案，最终成为考核评价指标。并且在实践教学中学生的学业成绩也可以体现在工作态度、时间观念、动手能力、实践成果上。

工程类专业学位研究生论文可以采用产品研发、工程规划、工程设计、应用研究、工程/项目管理、调研报告等多种形式呈现。论文要求形式多样化,考核体系标准也必须与之相适应。工程类专业学位研究生论文的形式多样化,也意味着为考核体系的建立增加了难度,由于工程性质不同难以制定出固定的统一评价标准,因此论文考核要根据学生个体的工作情况给予评价。

对于实践和论文考核评价:一是要根据专业特点明确细化考核指标,二是要将考核指标写入培养方案,三是在考核评价"双导师"时要严格把关,尤其要充分听取企业导师的评价意见。

## 三、实践基地建设

### (一)实践基地是工程类专业学位研究生教育的重要载体

由于工程类专业涉及的行业都是现代化大工业,所以,工程类专业学位研究生教育强调的工程实践教学,而这在课堂上甚至在学校的专业实验室里都是无法实现的,只有在生产一线才能完成工程实践教学任务。因此,加强校外实践基地建设是工程类专业学位研究生教育最重要的内容,是工程类专业学位研究生教育事业成败的关键。

实践基地作为工程类专业学位研究生培养的重要载体,首先应构建工程理论知识与工程实践相结合的培养模式。工程理论知识是实践教学的理论基础,实践基地教学的实践指向在理论课堂上得以升华。在企业实践基地可以进行生产现场实践教学和仿真实训,学生可以直观形象地接受实践能力的培养。并且在实践基地可以构建实践课程体系并完成实践教学任务。"实践基地是第一课堂的延伸"。

### (二)完善校企合作机制

1.建立产教融合长效机制

自1990年实行专业学位研究生教育制度以来,为开展实践教学活动,教育主管部门和高校都致力于实践基地建设,以校企合作的形式,力求产教融合,实现实践基地建设的目的。然而,在实践过程中,学校积极主动地到社会上寻求合作伙伴,虽然多数企业积极配合,但也多是出于校友、同学或是业务合作的关系。尽管高校付出极大努力认真研究和探讨合作方式,但是这种学校一头热的尴尬局面,使产教融合实行起来面临难题。这种局面,不利于工程类专业学位研究生教育实践基地建设,不适应大规模工程类专业学位研究生教育的需要,不符合工程类专业学位研究生培养目标的要求。因此,建立产教融合长效机制,保障校企合作关系的持续有效运行,是相关工程类专业学位研究生教育实践基地建设的关键环节。

2."三动力"激发企业积极性

在实践基地建设中,以校企合作形式实现产教融合是关键。那么如何调动和发挥企业的积极性？首先要回答：企业为什么要参与到研究生培养中来？有学者提出了"三动力模型"的概念，即经济动力、制度动力（激励与约束）、道德动力（社会责任）。这三类动力因素在促进企业参与专业学位研究生教育中发挥着重要作用。

经济动力是指企业在参与学生培养中的利益驱动。成本与收益是企业决策的依据。如果企业在参与学生培养教育活动中没有收益，就会缺失经济动力，校企合作也不可能深入，更不可能长久。企业参与工程类专业学位研究生教育的经济成本包括人力成本、管理成本和技术泄密等潜在的风险成本等。获得的经济收益包括直接经济收益和间接经济收益，直接经济收益是即时得到的显性收益，来自政府的政策补贴、税收减免等。间接经济收益是未来的经济收益，企业通过联合培养学生在人才招聘中抢占先机，获得高素质人才，进而强化市场竞争力。收益大于成本企业才有动力。

制度动力是指企业在参与学生培养中须执行的法定行为，即强制性制度和法律规定。企业参与学生培养过程中涉及多种复杂的关系，因此，对企业参与行为的引导需要通过法律等手段来进行，因为法律法规具有强制约束和推动作用，可以规范企业的行为。

道德动力是指企业在参与学生培养中体现的社会责任感。在道德风尚规范下，组织和个人会合理地承担相应社会道德责任。教育责任属于社会责任，企业的教育责任就是因教育行为会将企业置于社会责任之中。企业承担教育责任也是企业社会责任感的重要体现。

根据"三动力"模型，国家通过适当的制度安排，用经济和制度的手段激励并号召全社会都来了解和支持专业学位研究生教育。随着科学技术快速发展和产业技术升级，越来越多的企业家会将关注并参与到专业学位研究生教育中来，并在产教融合中获益，实现合作共赢的效果。形成社会与学校、产业与教育高度融合的局面。

## （三）建设政府主导的实践基地"大平台"

1. 发挥制度优势建设政府主导的实践基地"大平台"

迄今为止以"校企合作"的形式建设实践教育基地，对于高校来说都是个体行为，对于大规模的工程类专业学位研究生教育实践教学需要来说，无论是规模数量还是合作质量都不能满足需要。尤其是面对工程类生产企业所具有的规模大、专业性强、技术要求高的特点，高校的个体行为更是应接不暇了。尽管国家提出了实施"国家产教融合研究生联合培养基地"建设计划，但是就其规模和受惠群体而言还是有限的。因此，发挥国家制度优势建设工程类专业学位研究生教育实践基地的"大平台"势在必行。

所谓工程类专业学位研究生实践教育基地"大平台"，是由国家教育部门主导，国家级行业协会主持，地方政府和地方行业协会为主体，建立为工程类专业学位研究生实践教育服务的实践基地"大平台"。在这个"大平台"上，国家层面制定政策、法规，地方层面协调落实，高校和企业实施。在各个层级都设有专职办事机构，地方层面负责具体业务，在平台上提供校企双方供求信息，统一招募、协调、办理业务。校企双方单位自愿注册到大平台上，方便快捷地解决工程类专业学位研究生实践教育基地问题。充分发挥各级政府和行业协会的行政职能和影响力，深入挖掘企业资源，为高校和企业搭建桥梁，为工程类专业学位研究生实践教育提供便利条件。这个平台之所以称其为"大"，一是因为这是国家意志，全国各级上下联动；二是因为这个平台服务面广，所有相关高校和所有能提供符合相应条件的企业都可参与受惠。

2.政策支持"大平台"建设

政策支持是工程类专业学位研究生实践基地建设的保障和前提。《关于制订工程类硕士专业学位研究生培养方案的指导意见》中提出，"鼓励培养单位与企业共建联合培养基地，探索合作共赢的长效保障机制和高效的运行管理制度"。这只是号召性的，政策和投入才是现实的。政策支持分为两个方面：一是为"大平台"建设服务而设立各级办事机构的人员编制、资金投入；二是为调动企业积极性所给予的政策支持和资金投入。前者政策政令皆可实现，而后者，关于企业积极性的调动则需要强有力的政策支持和资金投入。按照前述的"三动力"说，用政策支持和投入来弥补参与学生实践教育活动的成本损失。比如，政府的教育补贴、税费减免等，使企业直接获利。也可在舆论导向和其他优惠政策方面发力，使企业有道德上的荣耀感，形成使参与者受益、参与者光荣的社会风尚，使相关企业都能参与到工程类专业学位研究生实践教育中来。

# 第四节　土木水利专业学位研究生培养

2019年9月18日，习近平总书记在郑州主持召开了"黄河流域生态保护和高质量发展"座谈会，首次将"黄河流域生态保护和高质量发展"同京津冀协同发展、长江经济带发展、粤港澳大湾区建设、长三角一体化发展，上升为重大国家战略。在实施黄河国家战略过程中，土木水利类人才是关键所在。郑州大学作为黄河中下游分界处的"双一流"高校，在黄河国家战略提出之初，便主动对接服务战略，积极主动担负起培养服务于黄河流域生态保护和高质量发展的土木水利高层次专业人才的重任。

## 一、精准定位人才培养

### （一）面向实施黄河国家战略中的需求而进行

黄河流域生态环境脆弱，如何做好黄河生态的保护工作、解决水生态环境的恶性循环和水资源保障的严峻形势，是实现黄河高质量发展的前提条件。土质松散和降雨量集中引起了黄河流域严重的水土流失、河道的泥沙淤积、河床的逐年抬高、河道行洪能力的逐年下降等问题，使其极易出现洪涝灾害。此外，黄河年径流量的变化较大，导致个别年份水资源严重短缺，再加上向其他河流进行的调水作业，使得黄河水生态自净能力下降，水环境的承载力不断降低。黄河水质的恶化直接导致了河道内水生物种群明显减少，植被遭遇大范围破坏。因此，要通过对黄河岩滩和河道的科学治理，来建立流域生态屏障，进而造福人类。

黄河中上游地区发展相对滞后、区域经济条件较差，也是我国贫困人口的主要集中区域，特别是5个集中连片特困区域呈现出现代化水平较低、产业结构相对落后、工业化水平不高的局面。但是，作为中华文明的发源地，黄河中上游区域有着得天独厚的地理优势，具有巨大的发展空间。因此，主动探索新的发展道路是黄河流域中上游贫困区域人民的必然选择。

### （二）体现问题导向和价值导向

土木水利专业人才的培养工作需要面向黄河国家战略实施过程中的主要问题，例如高含沙量、旱涝灾害；水资源粗放利用、水土流失；生态系统破坏、自净功能退化、修复成本高、难度大；经济增长方式单一引起的环境超载等问题。在研究生的培养过程中要始终坚持"立德树人"的根本任务，以"绿水青山就是金山银山"为理念，在大治理、大保护思维的精神引领下开展，立足于服务黄河国家战略的实施，切实加强黄河流域生态保护、推进有限水资源的高效利用、促进黄河流域的高质量发展、传承黄河文化等。

### （三）课程体系及毕业论文

1.课程体系

（1）课程体系分为"平台＋模块"，设基础教育、专业教育、实践教育三个平台，每个平台设置若干课程模块。基础教育包括基础知识模块和综合素养模块；专业教育包括专业知识模块和行业发展前沿讲座模块；如跨学科考入的专业学位研究生，需要补修课程，补修课程门数由学校各专业学位教指委根据具体情况确定；实践技能主要指专业实践模块。（2）所有课程必须在第一学年内全部完成，能在第一学期完成的尽可能在第一学期完成。优先选聘具有行业实践经验的教师作为专业学位研究生的授课教师。适度引进全国专业学位教指委或一流大学的同类网络课程，利用好全国工程硕士专业学位研究生在线课程公共平台，培养研究生自主学习和多样化学习能力。（3）专业学位研究生课程分为必修课和选修课，其中必修课分为公共必修课和专业必修课；必修课和选修课的学分参考全国教指委指导性培养方案（或学位标准）的要求进行设置。

2.学位论文

研究生在完成培养计划所有课程学分后，即进入论文工作环节，完成研究生培养过程中的论文学分和必修环节任务。（1）开题是研究生培养过程中开展学位论文工作的首要环节；开题报告中应论述学位论文选题依据、研究方案、预期目标与成果、工作计划等关键问题。在第3学期应完成开题报告，学校组织集中进行开题，由3~5名本专业学位类别或相近专业的具有高级职称的专家（包含至少行业企业专家1名）参加，以学术报告方式集中进行。（2）研究生完成学位论文初稿，经导师审阅认可后，由研究生本人向所在专业学位类别或学院提出预审和预答辩申请。预答辩须在正式答辩前1个月进行。（3）专业学位论文整体要求参照全国教指委的相关规定和学校硕士专业学位研究生学位论文的基本要求，论文规范和水平要求见各专业学位授权点学位授予基本标准。其中，论文选题应来源于应用课题或现实问题，一般应具有明确的行业前景或职业背景，研究成果要有实际应用价值；学位论文要体现研究生综合运用科学理论知识、方法和技术解决实际问题的能力，应具有一定的经济和社会效益。学位论文评阅答辩方面，学校不再成为单一的评价主体。论文的开题、预答辩、答辩和评阅环节，必须要有相关行业实践领域的专家参与；专业学位论文评阅人和答辩委员会成员中，应有不少于1/3的相关行业具有高级职称（或相当水平）的专家。（4）鼓励个别专业学位类别答辩前，邀请行业企业专家对毕业设计的实物（成果）进行验收，形象直观地考核研究生的应用能力和创新能力。

## 二、动态调整学科专业结构

从黄河国家战略大局出发，解决实施过程中亟待解决的关键问题着手，要软硬件资源向水利类和环境类等应用型人才的培养倾斜，具体而言：通过设置如工程安全与防灾等新专业，改造原有土木与建筑工程等专业，最终实现土木水利专业的科学定位和结构的动态调整。

### （一）工程安全与防灾专业的设置

以对接国家黄河流域生态保护与高质量发展战略、中原城市群发展规划与新型城镇化建设，着眼重大灾害、公共安全等应急避险领域重大技术和装备攻关，密切结合和服务"一带一路"基础设施建设。

工程安全与防灾学科以水利工程、土木工程、交通运输工程三个一级学科为主干学科，借助河南地处黄河、长江、淮河和海河四大流域区位优势和郑州国际性综合交通枢纽，以及国家中心城市的定位，来研究基础设施工程的"安全建造、安全防护、安全运行、灾害防治"的理论、材料、技术与装备，并且致力于解决工程建设、工程运行和工程维护全寿命周期中的安全与灾害防治关键科学问题和技术难题。

"保障国家重大基础设施施工与运行安全。"随着水利、交通、建筑与市政基础工程设施建设的迅速发展和大量在役工程的劣化失修，工程安全隐患频繁凸显，因此对人民群众生命财产安全构成严重威胁。该领域中关键科学技术突破及工程灾害难题的解决，有助于推动工程安全与防灾领域的科技进步，为国家和区域水利、交通、建筑与市政基础设施安全保障提供技术支撑和综合服务。

培养工程安全与防灾领域创新人才。推动多学科交叉融合的工程安全与防灾领域多层次创新人才培养，培育该领域领军人物及青年拔尖人才，培养高质量的本科生、硕士研究生和博士研究生，培训大批专业技术人才，为我国工程安全与防灾领域的发展提供人才保障。

### （二）加快一流专业建设和培养质量提升

在水利工程一流学科建设的基础上，加大一流土木水利专业型人才的培养力度，提升对黄河国家战略实施的支撑作用。坚持面向未来和适应需求，动态优化学科专业结构，进而提升研究生的培养质量。重点加快土木水利专业升级改造，在水利工程特色学科的基础上建设一流土木水利专业体系。

通过培养全过程监测和周期性评估手段，构建土木水利专项培养质量的在线实时监控体系；通过设立教学督导组和学生评教平台等建立土木水利专业教学质量评价体系，确保土木水利专业建设满足黄河国家战略的需求，专业硕士的培养效果达到培养目标的要求，教学资源条件能够满足师生的需求。

## 三、积极搭建实践基地

### （一）实现了创新培养基地的建设目标

郑州大学水利工程学科、河南省水利科学研究院、黄河水利科学研究院、水利科学研究院及郑大设计院等单位，在水利工程及其相关领域开展了紧密的合作，在科学研究与技术攻关方面取得了丰硕的成果，例如，实现了创新培养基地原定的"发挥资源优势，形成创新团队，构建创新机制"的建设目标。

### （二）建立健全"双导师"遴选机制

通过科研和人才培养合作，进一步优化校内外导师师资队伍建设，拓展和发掘；同时提高了土木水利学科的科研能力及水平，建立了优质资源共享体系，构建了科技创新体系，进一步强化了合作意识，以研究生为媒介，加强了校内外导师的合作关系。同时利用培养基地导师所不同的研究背景、学术专长，实现了导师师资队伍的优势互补，逐渐形成了一批结构优化、梯队合理、学科交叉、优势互补的高水平创新团队和导师队伍，为科技创新奠定了良好的基础，为培养研究生多视角、多领域分析问题和解决问题的能力提供了平台。

参照校内外导师资格认定条件，遴选和聘用基地实践经验丰富、创新能力强、认真负责的科研技术人员作为校外导师，与学校的导师互补，逐步形成一支既有较高学术水平，又有明显职业背景、丰富实践经验和较强解决问题能力的双师型导师队伍，为土木水利类研究生培养质量的提高奠定了基础。

### （三）构建研究生"2+1"创新培养模式

与基地联合培养的研究生推行"2+1"创新培养模式：第一学年在学校内完成专业课程的学习及前期科学研究；第二学年前往基地完成实践创新训练，开展学位论文相关的科学实验，同时积极参与基地的生产项目，以提升专业技能和实践能力为目标；第三学年在校内导师和基地导师的联合指导下，在学校内完成学位论文的撰写和毕业答辩工作。

创新基地研究生的实践活动主要分为两大类：一是参与基地的在研项目，二是以校内导师项目为主，进入基地进行实践创新训练。对于参与基地在研项目，根据当年进入基地人数和其研究方向，选择性地参与相关研究课题，由研究生和校内导师选择；对于以校内导师项目为主，进入基地进行实践创新训练的研究生，主要利用基地的相关实验平台完成科学实验，并参与基地的生产项目，以提高其实践能力。通过研究生"2+1"创新培养模式，既有利于提高研究生的培养质量，实现研究生生产实践环节的培养目标，又有利于产学的有机融合，拓宽了校内导师的科研合作渠道。

## 四、健全基地导师聘任机制

基地导师由合作单位负责组织推荐，被推荐导师应政治思想素养好，治学严谨，有良好的科学道德，具有副高职以上专业技术职务、宽广的理论基础和深入的专业知识。经郑州大学水利科学与工程学院评审认定导师资格，并实施聘任，同时基地校外导师应具备如下职责：

1. 认真执行《中华人民共和国学位条例》及《郑州大学培养研究生的各项规定和管理办法》，对培养研究生具有高度的责任感。

2. 在学术道德、科研道德方面以身作则，对研究生言传身教，引导研究生养成严谨求实的科学态度、勤奋扎实的工作作风和献身科技事业的精神，组织研究生共同参与学术研讨和学术交流活动。

3. 参与研究生选课，负责指导研究生开展科学研究工作，以及学位论文的选题、研究和写作，要做到指路防偏，掌握进度，定期检查。指导研究生选择研究方向和确定研究课题，制订相关的学位论文工作计划，加强对研究生独立从事科研工作等多方面能力的培养。在研究生学位论文的撰写过程中，不仅要给予具体指导，还要认真审阅修改，在学术上把关，并做出学术评价。

4. 协助做好研究生的思想政治教育工作。以"培养什么人、怎样培养人、为谁培养人"这一根本性问题为导向，结合工程实践内容，以思政实践的方式，协助校内导师做好研究生的思想政治教育工作。

5. 因公或因事出差、外出前，要妥善安排并落实离开基地期间的研究生指导工作。离开基地半年或半年以上的，应提前一个月向基地办公室提出申请，并落实对所指导研究生的导师更换事宜。如导师调离，应提出指导研究生的导师更换事宜，及时报送基地办公室审核批准。

6. 基地导师应定期向基地汇报研究生培养工作的情况。基地将落实和检查导师职责纳入日常管理工作中。基地办公室对导师履行职责情况进行年度考核，并定期对导师进行培训。基地每年公布在岗导师名单，以及所研究课题，制订进入基地培养的研究生年度指标及分专业需求计划。基地办公室要对申请者进行资格审查，确定基地培养的研究生名单。

## 五、大力推进学术交流

近年来，我院积极与联合培养基地开展学术交流，保证了一学期一次的交流频次。在课题申报与合作、研究生招生选拔、培养模式、论文写作等方面，进行了深入和广泛的研讨，达成了一致的研究生培养意见，为研究生在基地开展创新实践活动提供了强有力的保证。

为进一步推动双方的学术交流，扩大研究生培养的区域示范作用，特邀基地部分导师作为培养基地典型代表参加了由全国水利工程领域专业学位研究生教育协作组主办；郑州大学水利科学与工程学院承办的"2018年全国水利工程领域专业学位研究生教育工作研讨会"。本次全国研究生教育工作研讨会的举办，对落实创新实践基地共建协议书内容，进一步增强我院与基地学术交流的深度和广度，不断提高研究生创新实践培养质量具有重大意义。

围绕黄河国家战略，郑州大学水利科学与工程学院与多个基地在黄河下游地区开展生态保护、黄河流域水电开发、黄河流域高质量发展等方面开展了广泛的合作，从而进行了频繁而深入的交流研讨。此外，我院与基地导师共同参加了在福州举办的"第二届超高性能混凝土材料和结构国际会议"，在三峡大学举办以"补短板强监管科技助力新时期治水兴水"为主题的中国水利学会学术年会。2019年水利科学与工程学院建院60周年之际，基地作为特邀嘉宾，分享了研究生创新实践培养模式的经验。

# 第五节　机械专业学位研究生校企联合培养

专业学位研究生培养重在能够熟练运用专业领域基础和专业知识，解决研发过程或工程实践中的实际问题、承担管理专业技术工作的创新型人才。因此机械专业学位获得者应成为基础扎实、工程实践能力强，并具有一定创新能力的应用型、复合型高层次工程技术和工程管理人才。对此，机械专业学位研究生的质量和综合素质引起了广大高校和社会各界的担忧。对此，教育部也积极出台教育改革的相关政策，对于他们的培养模式确定了快速发展的创新战略，大力推进高校与企业的结合，从而确定了校企结合共同培养研究生的新模式，并同时在各大高校增设了校企联合培养基地。

## 一、机械专业学位研究生校企联合培养的重要性

校企联合培养机械专业学位研究生的模式，是以高等学校为主体，与优秀企业进行合作，将校内的理论学习与企业的实践训练相结合的有效模式，校企双方共同创建一个能够培养研究生实践能力与创新意识的基地，最大化地将高校机械工程学科的专业和人才优势与企业的技术相融合，既可以提高机械专业研究生的实践动手能力，推动校企双方在高层次应用人才培养方面的无缝对接，又可畅通高校人才培养与企业人才需求的通道，为企业直接输送能力匹配的急需的机械工程人才，促进机械专业研究生的高质量就业。

开展校企合作、联合培养，可有效缓解高校机械专业学位研究生教育资源短缺的问题，提升研究生的培养质量，也可为企业培养高层次应用型人才，推进企业的技术进步，提升企业的自主创新能力和核心竞争力，即校企双方联合培养模式对推进高校机械专业学位研究生教育内涵式发展及企业的自身发展，实现互利双赢都具有十分重要的意义。由此可见，新时代是大力发展机械专业学位研究生校企合作联合培养模式的一个良好契机，校企合作模式也必将成为未来高校机械专业学位研究生培养的主要途径之一。

## 二、机械专业学位研究生校企联合培养中存在的问题

校企联合培养是以市场需求为运作平台，以培养具有生产制造、机械设计、测试与控制、使用和维修能力的高级技术人才为目的，这对于改变我国制造业大而不强、创新能力欠缺的现状有着重要的意义，也是实现"中国制造2025"战略的重要人才保障。但是近年来机械专业学位研究生校企联合培养模式的探索与实践，暴露出一些问题。

## （一）课程体系缺乏针对性，专业实践能力培养的重视度不足

高校与企业联系不够紧密，机械专业学位研究生培养模式中存在"重理论、轻实践"的现象。很多高校机械专业学位研究生的培养体系改革相对滞后，在教学方法、课程内容、资源配置等方面投入不足，课程体系与学术学位研究生培养类似，即以理论课讲授为主，实践性课程缺乏，且实践环节大多停留于表面，止于形式，达不到高校所需要的技术要求。而对于企业方面，多数只是走个过场，没有起到企业的作用，致使机械专业学位研究生实践效果不够理想，与其培养初衷相差甚远。

## （二）导师队伍实践能力不强，"双导师"制度流于形式

我国高校目前机械专业型研究生的导师基本上都是之前指导学术型研究生的导师，过于注重学术论文的发表，缺乏在一线岗位的实践经验，因此也就无法对学生进行实践环节的指导。企业导师一般都是企业的中高层领导，工作比较繁忙，很少与学生沟通和联系，因此对于学生的专业实践指导也就成了一个形式，并未让学生学到实质性的东西。综上所述，高校与企业导师合作不足，未能充分发挥集体培养机械专业学位研究生的优势，大大降低了双导师指导的实际效果，导致学生的研究深度不足，无法开展高新技术的研发工作，更无法达到学校培养机械专业学位研究生的目标要求，也无法提高自身的竞争力。

## （三）联合培养机制不够完善，企业参与主动性不强

我国目前还未建成具有针对性和可操作性的校企联合制度支撑体系，各项分工划分不明确，校企融合度不高，无法达到高技能人才培养的目标。同时，高校受到资金的限制，机械专业学位研究生培养机制建设不够完善，且与企业用人需求存在差异性，不能满足企业的用人需求。另外，企业出于自身利益考虑，难以为高校提供更多实践机会，也使得机械专业学位研究生的实践教学难以展开，最终造成企业参与度不高，无法与高校真正形成联动，严重制约了校企合作培养机械专业学位研究生效果的进一步提升。

# 三、机械专业学位研究生校企联合培养改进策略探讨

为了满足"三区一群"国家战略急需的行业、产业及区域经济社会发展中对机械工程人才的迫切需求，进一步提升机械专业学位研究生的自主创新能力和实践技能。提高学生的培养质量。针对上述校企联合培养机械专业学位研究生过程中存在的问题，拟就校企联合培养中的课程体系建设、双导师队伍构建、联合培养机制建设三个方面进行研究，即从课程、导师、机制三个维度，对优化我校机械专业学位研究生校企联合培养模式进行了探索。

## （一）建设基于"三重一高"理念的特色课程体系

坚持"重基础、重能力、重实践、高素质"的教学理念，紧扣社会经济发展，突出课程建设的时代性和前沿性，将企业认为必须掌握的专业知识纳入核心课程体系。以企业技术需求为导向，增开更多的选修课程，并在有条件的专业中有选择性地开设相关实践性课程，提高学生在职场上的竞争能力和解决实际问题的能力；邀请企业优秀专家、技术或管理人员来学校开办讲座，或带领学生到企业调研、实习，积极为学生创设科研实践条件，促进课程结构的变革和课程功能的更新，完善特色课程体系建设，提升机械专业学位研究生的实践能力。

通过校企合作，共同完成机械专业研究生课程设置和课程教学。以基础课程和专业课程为主，建设适用于学生的理论课程体系，通过理论课程引导研究生理解并掌握与生产实际相关的基础知识和科研方法，通过专业基础课和选修课，拓展学生的专业基础理论，丰富他们的专业技能。同时，以技术应用、能力拓展和创新实践教育课程为主构建实践课程体系，邀请企业优秀专家和技能人员结合自身工程实践案例，对机械专业学位研究生进行实践指导，引导他们将理论知识与工程实践相结合，培养他们的工程素养和职业能力。

## （二）构建基于"协同育人"模式的双导师队伍

多渠道筹措机械专业学位研究生培养经费，落实双导师的薪酬；建立健全双导师选聘制度与考核制度，促使双导师制的优势得到充分发挥；加强实践环节考核，达到机械专业学位研究生工程化的培养目的；拓展高校导师与实践导师的交流渠道，实现优势互补、联合指导；建立学生评教的有效反馈机制，完善双导师制评价制度，加强双导师队伍建设，落实协同育人的目标。

在构建双导师队伍过程中，校内导师主要负责专业学位研究生的培养与指导，校外导师侧重生产实践方面的指导工作，双方做到明晰责任、各司其职，通过分工合作，全面提升机械专业学位研究生的理论水平与实践能力。同时，拓展校内外导师沟通渠道，及时就研究生培养过程中遇到的困难展开交流，落实优势互补，切实提高研究生的培养质量。校企，成立研究生培养指导委员会，根据经济社会发展趋势和机械行业、企业的实际需求，对研究生教育教学、课程体系建设等进行研究决策和调整，实现协同育人。

## （三）建立基于"平台共建＋项目合作"架构的联合培养机制

搭建校企实验室共享平台，面向研究生开设实验课程和实训项目，引导机械专业学位研究生参与项目设计，培养其发现、分析、解决实际工程问题的能力。贯通对接企业技术需求渠道，加强与企业项目合作，促进科技研发与成果转化；通过联合校企双方的资源库，实现资源共享，同时研究生也参与项目协作，在研发科研项目的同时完成对机械专业学位研究生的高效培养，形成以"平台共建＋项目合作"作为载体的校企联合培养机制。

在联合培养机制建设具体实施过程中：首先，高校与企业要充分利用双方资源，共同搭建产学研合作平台。高校利用自身人才资源和科研成果为企业提供技术支持；企业依托自身完整的生产设施和销售渠道促成高校技术成果转化。其次，结合企业发展实际需求，依托企业急需解决的工程问题或工程研究项目等，引导学生将自身所学理论知识应用到实际企业生产过程中，有效做到理论与实践相结合，切实丰富他们的实践经验，提高工程实践能力，进而加强校内外导师的沟通交流，促进双师型队伍的有效建设。总之，通过"平台共建＋项目合作"的联合机制，校企双方不仅实现双赢，而且研究生能借助平台在合作项目的平台上得到能力的提升和实践的历练，实现自身培养质量的有效提升，以此方式作为提升高职教育内涵的一种方法，社会效益明显，具有推广价值。

目前，机械专业学位研究生校企联合培养仍存在很多问题，其培养模式还需与时俱进，继续探索、实践并加以完善。相信随着机械专业学位研究生培养质量的不断提高，专硕人才的崛起一定会给中国工业的发展注入新的力量。

# 参考文献

[1] 史兰新，陈永平.国内外研究生培养方式的比较及探讨 [J].东南大学学报：哲学版，2012，12(2)：117-122.

[2] 李宁.基于校企合作的研究生培养模式研究 [J].现代商贸工业，2012(15)：102-103.

[3] 洪冠新.法国大学的研究生教育模式 [J].北京航空航天大学学报：社会科学版，2007，20(12)：76-80.

[4] 石丽敏.国外校企合作办学模式的分析与研究 [J].高等农业教育，2006，12(12)：81-84.

[5] 冯晓波.美国的校企合作教育 [J].职业教育研究，2011(4)：177-178.

[6] 王汉成，姜乐军.论国内外校企合作模式对我国实施"卓越工计划"的启示 [J].淮海工学院学报：社会科学版，2010，8(8)：14-16.

[7] 尹发跃.研究生就业现状研究及就业前景预测 [J].中国高等教育评估，2007(3)：36-40.

[8] 习近平在全国高校思想政治工作会议上强调把思想政治工作贯穿教育教学全过程开创我国高等教育事业发展新局面 [N].人民日报，2016-12-09(1).

[9] 林明哲."双一流"背景下创新人才培养工作的思考——以学院人才培养工作为例 [J].教书育人（高教论坛），2019(15)：24-25.

[10] 张继平，刘婷，赵欢.以中国特色的学科评估推进"双一流"建设：问题与进路 [J].研究生教育研究，2020(6)：70-75.

[11] 于航，孙甜甜，曹雨徽.地方高校研究生生源质量的提升策略研究 [J].教育教学论坛，2021(2)：21-24.

[12] 杨金华.我国研究生培养模式改革研究 [D].南京：南京师范大学，2018.

[13] 李皋，李昆成，邓江明.新工科视域下行业特色高校研究生工程实践问题及对策研究 [J].高教学刊，2021(2)：71-74.

[14] 陈新忠，李保忠.我国研究型大学研究生培养的目标、策略与保障——基于"C9联盟"高校政策文本的质性分析 [J].现代教育管理，2020(9)：114-121.

[15] 邓明阳.基于校企合作的"三位一体"双导师制人才培养模式探索 [J].职业技

术教育，2013，34(20).

[16] 厉有国.高师院校教育类课程"双导师制"培养模式发展面临的问题与对策 [J].信阳师范学院学报 ( 哲学社会科学版 )，2016，36(02).

[17] 丁颂，杨树臣，巢陈思，周洪艳.应用型本科校内双导师制人才培养模式探索与实践 [J].职业技术教育，2020，41(02).

[18] 杨俊茹，韩宝坤，孙雪颜，张悦刊.全日制专业学位硕士研究生双导师制联合培养模式探索 [J].吉林省教育学院学报 ( 下旬 )，2015，31(08).

[19] 邹碧海，徐春碧，陈思同，刘芳.复合创新型工程硕士专业学位研究生培养研究与实践 [J].重庆科技学院学报 ( 社会科学版 )，2019(03).

[20] 杨俊茹，韩宝坤，孙雪颜，张悦刊.全日制专业学位硕士研究生双导师制联合培养模式探索 [J].吉林省教育学院学报 ( 下旬 )，2015，31(08).

[21] 张兴峰，张楠，侯深燕.专业认证视角下"双导师制"师范生培养模式的建构 [J].黑龙江教育 ( 高教研究与评估 )，2020(11).